历史的丰碑丛书

科学家卷

发明家之冠
爱迪生

陈 敏 编著

吉林人民出版社

图书在版编目(CIP)数据

发明家之冠——爱迪生 / 陈敏编著 . -- 长春：吉林人民出版社，2011.4（2021.8 重印）
（历史的丰碑丛书）
ISBN 978-7-206-07667-1

Ⅰ．①发… Ⅱ．①陈… Ⅲ．①爱迪生，T.A.（1847～1931）—生平事迹—青年读物②爱迪生，T.A.（1847～1931）—生平事迹—少年读物 Ⅳ．① K837.126.1-49

中国版本图书馆 CIP 数据核字（2011）第 038459 号

发明家之冠 爱迪生
FAMINGJIA ZHI GUAN　AIDISHENG

编　　著：陈　敏	
责任编辑：王　斌	封面设计：孙浩瀚
制　　作：吉林人民出版社图文设计印务中心	

吉林人民出版社出版　发行（长春市人民大街7548号　邮政编码：130022）
印　刷：北京一鑫印务有限责任公司
开　本：787mm×1092mm　　1/16
印　张：8　　　　　　　　字　数：72千字
标准书号：ISBN 978-7-206-07667-1
版　次：2011年4月第1版　　印　次：2021年8月第2次印刷
定　价：35.00元

如发现印装质量问题，影响阅读，请与出版社联系调换。

编者的话

"欲知大道,必先为史"。

回溯人类的足迹,人们首先看到的总是那些在其各自背景和时点上标志着社会高度和进步里程的伟大人物。他们是历史的丰碑,是后世之鉴。

黑格尔说:"无疑,一个时代的杰出个人是特性,一般说来,就反映了这个时代的总的精神。"普希金说:"跟随伟大人物的思想是一门引人入胜的科学。"

以史为鉴,面向未来。作为21世纪的继往开来者,我们觉得,在知史基础上具有宽广的知识结构、开阔的胸襟和敏锐的洞察力应是首要的素质要求,而在历史的大背景

◆ 历史的丰碑丛书

中追寻丰碑人物的思想、风范和足迹，应是知史的捷径。

考虑到现代人时间的宝贵，我们期盼以尽量精短的篇幅容纳尽量丰富的信息，展现尽量宏大的历史画卷和历史规律。为此，我们编撰了这套丛书。

编撰丛书的过程，也是纵览历代风云、伴随伟人心路、吸收历史营养的过程。沉心于书页，我们随处感受着各历史时期伟大人物所体现的推动历史进步的人类征服力量。我们随着伟人命运及事业的坎坷与辉煌而悲喜，为他们思想的深邃精湛、行为的大气脱俗而会意感慨、拍案叫绝。

然而，在思想开始远游和精神获得享受的同时，我们也随之感受到历史脚步的沉重

编者的话

和历史过程的曲折。社会每前进一步都是艰难的，都伴随着巨大的痛苦和付出。历史的伟大在于它最终走向进步，最终在血污中诞生了鲜活的"婴孩"。

历史有继承性和局限性，不能凭空创造。伟人也有血肉，他们的思想、行为因此注定了同样具有历史的局限性和阶级的、时代的烙印；他们的功业建立于千千万万广大人民群众伟大创造的基础上。历史是人民群众创造的，伟大的人物们是历史和时代造就的。同时，我们也无法否定此间他们个人的努力。这也正是我们编撰这套丛书的目的。

我们期盼着这套丛书得到社会的认同，对读者，特别是青少年读者之历史感、成就感和使命感的培养有所裨益。史海浩瀚，群

◆ 历史的丰碑丛书

星璀璨。我们以对广大青少年读者负责的精神，精心遴选，以助力青少年成长进步，集结出版了《历史的丰碑》系列丛书，敬请读者批评、指正。

历史的丰碑丛书

编 委 会

策　划： 胡维革　吴铁光
　　　　　林　巍　冯子龙

主　编： 胡维革　邢万生

副主编： 贾淑文　谷艳秋

编　委：（按姓氏笔画为序）
　　　　　于二辉　刘士琳
　　　　　刘文辉　孙建军
　　　　　李艳萍　吴兰萍
　　　　　杨九屹　隋　军

爱迪生是我们这个"电"的时代里最伟大的发明家。在爱迪生84年的生涯中，有2000多项大大小小的发明，平均每15天一项。现在，让我们环顾四周，遍洒光辉的电灯、逼真生动的电影、乐声悠扬的留声机、相距千里仍能清晰对话的电话，甚至我们儿时起就须臾不离的橡皮，都是这位发明家智慧的产物。

自从1745年，荷兰的穆申布勒克和库诺伊斯把摩擦电储存在贴了锡箔的瓶子里，人类就站在了电力时代的门槛边。但在之后100年左右，电的应用一直局限在实验室里。爱迪生的发明，使电大规模地造福人类，为工业及社会一日千里的发展立下汗马功劳。

目 录

爱问"为什么"的童年　　◎ 001

初入知识的殿堂　　◎ 011

火车少年　　◎ 022

到处流浪的电报技师　　◎ 035

走上发明之路　　◎ 047

门罗公园　　◎ 063

发明留声机　　◎ 070

给世界光明　　◎ 079

艰辛的电影发明　　◎ 091

奋斗不懈的后半生　　◎ 103

历史的丰碑丛书

发明家之冠 **爱迪生**

爱问"为什么"的童年

> 科学开端于简明的追求。
> ——卡西尔

在美国与加拿大交界地带的东部,有一个著名的五大湖区。其中,伊利湖湖畔,有一个名叫米兰的镇子。1847年2月11日凌晨,一所小砖瓦房还闪动着煤油灯微弱的光亮,老爱迪生和妻子南希高兴地看着刚刚生下的一个金头发、灰眼睛的男婴。这就是托马斯·阿尔瓦·爱迪生。

爱迪生的父亲塞缪尔·爱迪生,在伊利湖畔的维恩那城经营旅馆生意,生活过得还算不错。在这城里

→ 爱迪生和他的姐姐

科学家卷 001

有个名叫南希的女教师，她是苏格兰裔的加拿大人，由于她教学认真，颇受市民的尊敬。她引起了小塞缪尔的爱慕，于是这位旅馆主人主动追求她。后来他们的爱情日渐增进着，最后终于达到了沸点，便在1828年结婚了。结婚后，他们还在城里住了一段时间，后来定居在美国俄亥俄州的米兰。塞缪尔在此经营屋瓦的制造和贩卖，生意还不错，夫妇俩过着幸福的日子。

←托马斯·阿尔瓦·爱迪生

爱迪生从小身体瘦弱，可有一股犟劲儿。刚学走路时，就拒绝别人的帮助。一双亮晶晶的大眼睛，对什么都好奇，都感兴趣儿。天天缠着爸爸问这问那。"天上的星星有几颗？""为什么会刮风啊？"爸爸总是被问得不知所措。家里人都害怕小爱迪生问的问题，因为很多大家都答不出来或者不知如何回答，可是他并没有因此而兴致大减。因为他有一个非常爱他的妈妈，这位伟大的母亲总会试图满足他，做他坚强而有力的后盾。由于妈妈的细心照顾，小爱迪生稍稍长大一些之后，就变成一个身体健壮、精神十足的孩子，他不仅不迟钝，而且非常活泼、淘气。

幼年时，爱迪生好奇心很强，不管什么事情，他都要问个明白。虽然这些问题很常见，但是很不容易回答。

比如，姐姐摔破了茶杯，他会问："茶杯掉到地上，为什么就破了呢？有摔不坏的茶杯吗？"哥哥捉到了一只蜻蜓，他就会问："蜻蜓的眼睛为什么是长在头顶上而不是长在肚子上呢？"

因为爱迪生时常会问一些很古怪的问题，所以，人们望着他不大相称的身体时便会说："这个孩子一定不太正常，据说脑袋特别大，是'白痴'的征兆。"

在19世纪中叶，米兰镇算得上是个热闹的地方。

→伊利湖

由于有一条连接伊利湖的大运河，装着货物的船只成天来来往往，运河两旁也就随之出现了木材厂、面粉厂、造船厂等各种工厂。每当带房盖的船、张着帆的船以及其他各式各样的船经过时，小爱迪生总会溜出家门，沿着运河一路拼命地追赶。一天，由于跑得过快，他掉到了运河里，看到这一情景的大人们吓得大叫起来，连忙把他救上岸来。不料，爱迪生不但没哭，反而问大人："为什么船漂在水上不会沉呢？"大人们惊讶了："这孩子真怪。"又有一次，小爱迪生偷偷钻到面粉厂玩，看到了上上下下运麦子的升降机，他趁周围没人注意，爬上了一台停着的升降机东摸西看。突然，升降机升了起来，小爱迪生吓得大叫不止。他看到工人们都跑过来，急得从升高的升降机上跳了下去，一下子跌进了小麦堆里。幸亏有这堆小麦，小爱迪生安然无恙。当工人们急急忙忙把陷在小麦堆里的爱迪生拽出来时，他开口就问："叔叔，这东西怎么会自个儿升起来呢？"

　　不论看到什么或听到什么，小爱迪生总要问"为什么"，这种脾气随着年龄的增长越来越厉害了。所以在爱迪生四五岁时，邻居们甚至一看到他的影子就躲起来，生怕被问到稀奇古怪的问题答不上来。也就在这个时候，美国兴起了到加利福尼亚淘金的热潮，一

发明家之冠　**爱迪生**

→爱迪生小镇

批批马车队经过米兰镇奔向西部。在米兰镇打尖儿的淘金人为好奇的小爱迪生描述了米兰镇以外的事物，使他幼小的心灵中开始萌发了闯荡世界的想法。他看到船是由木头做的，就费力地偷偷地把一根木头推到运河里，自己骑在上边。不料，木头在水上打转骑不稳，小爱迪生掉到水里。他紧抱着木头，被河水冲走了。人们好不容易才把他救上岸。这大概是小爱迪生第一次失败的"实验"吧。

在小爱迪生6岁的一天傍晚，该吃晚饭时，妈妈却怎么也找不着他了，父亲回家后，焦急地把家附近的地方翻了个遍，结果在小仓库发现了小爱迪生。只见他轻轻地伏在干草上一动不动。父亲惊诧地问："你在干什么呢？"小爱迪生把一根手指贴在嘴上小声地

说:"嘘……,我在孵小鸡呢。"原来,他看见鸡孵蛋,蛋里又钻出了小鸡,就想到学鸡的样子,孵个鸡蛋试试看。父亲哈哈大笑,说:"小鸡不会这么简单就孵出来的!""但是,为什么呢?"老爱迪生收起了笑容,愣在那里。"为什么?"这孩子是古怪还是太聪明了?

←孵小鸡

在小爱迪生玩耍于运河边、工厂里时,米兰镇一天天萧条起来。原因是一条新修的铁路从别的镇子经过,方便高速的火车抢走了轮船的生意。爱迪生一家

←休伦湖

发明家之冠　**爱迪生**

无奈地离开了米兰镇，搬到休伦湖畔的休伦港，这里有铁路经过，比米兰镇繁荣得多。这一年，小爱迪生7岁。

休伦港的家是一所有着6个寝室的大房子，房子周围是长着一丛丛紫丁香和苹果树的宽广的庭院。庭院一角有个不太高的小岗。站在山岗上，向南可以看到休伦港繁华的大街和远处黑绿色的橡树林、松柏林，向东是像一根银色缎带的圣克莱河，隔河还可以眺望到加拿大的城镇。老爱迪生一安顿好新家，就立即在山岗上修起了瞭望台，并到街上四处宣传，招揽观光客，小爱迪生则担任导游，帮助爸爸挣了不少钱，也许就从这时起，商业观念开始在小爱迪生心中扎根了。

→爱迪生故居

相关链接
XIANGGUAN LIANJIE

爱迪生排第七

南希夫人前后生过7个孩子。在全家迁居米兰之前,南希就生下了4个孩子。此后,她又生了3个孩子。爱迪生是排行第七,也是他母亲所生的最后一个儿子。按照祖先长者的名字,爱迪生取名为托马斯,由于他父亲与阿尔瓦布雷德利船长私交甚好,便又借了这位船长的名叫阿尔瓦。于是爱迪生的全名叫托马斯·阿尔瓦·爱迪生。周围的人都叫他阿尔瓦,他的母亲喜欢叫他阿尔。

爱迪生在自家木棚里做实验

爱迪生从小就喜欢用他那与众不同的大脑袋思考一连串的问题。

一次他看到铁匠将铁在熊熊的烈火中烧红,然后锤打成各式各样的工具时,就晃着大脑袋提出一个又一个问题:火是什么东西?火为什么会燃烧?火为什么这么热?铁在火中被烧之后为什么会发红?铁红了为什么就软了?回到家,小爱

发明家之冠　爱迪生

迪生在自家的木棚里开始了他最初的实验。他抱来干草，并将其点燃，他想弄明白火究竟是什么。然而，小爱迪生的这次实验就引来了一场火灾，将家中的木棚烧掉了。

爱迪生捅马蜂窝的故事

他四岁时，有一次在一片茂密、苍翠的树林里专心地注视着什么东西。那草地上美丽的鲜花和树枝上唱歌的小鸟，都没有吸引他的目光，他究竟在看什么呢？

原来，他在看一棵大树上的一个很大的野蜂窝。这野蜂窝，圆鼓鼓的，浑身坑坑洼洼的，长满了小洞眼儿，像个倒挂着的大菠萝，真是巧夺天工，好看极啦。小爱迪生看着看着自言自语道："这个漂亮的蜂窝吊在树上，为什么不怕风吹，也不怕雨淋呢？这个野蜂群的家究竟是怎样的构造呢？"

好奇的小爱迪生踮着脚，正准备把脑袋伸进去探个究竟，只听"嗡"的一声，一群野蜂从蜂窝里朝他迎面扑来，把他蜇得连眼睛都睁不开了，最后还被野蜂蜇昏了过去。

"儿子，儿子，快醒醒啊，快睁开眼睛看看我们啊……"

不知过了多长时间，迷迷糊糊地好像耳边忽然传来了妈妈的声音，小爱迪生费劲地睁眼一看，自己躺在家里的床上。爸爸和妈妈正坐在床边，焦虑关切地看着自己。

妈妈南希抓住小爱迪生的手，紧张又关切地问道："我可怜的孩子，感觉好点了吗，你现在感觉怎么样了？"

小爱迪生的父亲小萨缪尔非常生气，他本想冲着儿子大喊"是谁叫你去捅野蜂窝的！"可是此时，他面对被野蜂蜇得满头大包，全身红肿的小儿子，真是既心疼又生气，就说："我的儿子，你真让我失望。你干吗非要去碰那些危险的东西呢？你这么不听话，往后要我们多为你担心啊！难道你不知道那些东西很危险吗，你这次差点小命不保你知道吗？"

小爱迪生听到父亲的话，也感到很后悔，加上浑身的疼痛眼泪就稀里哗啦地流下来。南希一边为儿子擦眼泪，一边对丈夫说："你就少说两句吧，阿尔是个懂事的孩子，他知道错了。"

发明家之冠　**爱迪生**

初入知识的殿堂

书是人类进步的阶梯。

——高尔基

与爱迪生生活在同一个时代的俄国作家托尔斯泰曾说过这样一段话：理想的书籍是智慧的钥匙。的确，每一本好书都是人类智慧的结晶，它们就像一级级阶梯，把有志者送往一个新境界。小爱迪生从识字起，就十分幸运地接触到了许多对他一生都有着深刻影响的书籍。然而，这一切却是由一个令人十分不快的事情开头的……

在小爱迪生8岁的那年，父母亲认为，他到了该学习写字、算术的年龄了，就把他送到镇子上的学校去。这所学校是由恩格尔夫妇开办的，所有的学生挤在一间教室里学习，学生中年龄小的比小爱迪生还小，大的已经18岁了。尽管这样，小爱迪生还是十分高兴地上学了。因为那里有无所不知的教师呀。

可是，他很快就失望了：领到的教科书非常简单，

什么 1+1=2 啦，ABC 念什么啦，完全不能解答他从小积攒起来的疑问。一天，恩格尔老师给学生们讲解算术题，小爱迪生觉得没意思，就在写字的石板上画画儿。突然，老师把他叫了起来："你说，2+3等于多少？"

少年时期爱迪生

不料，小爱迪生竟反问到："为什么1+1等于2呢？"

老师气得满脸通红，他举起教鞭使劲地敲打爱迪生的脑袋。

可是不管怎样，小爱迪生在上课时总显得神不守舍，而且，不论哪科成绩，都是最差的，终于有一天，恩格尔老师把小爱迪生的母亲——南希夫人请到学校，对她说："这孩子看来智力太差，我看还是退学，另请高明吧。"

南希夫人听小爱迪生说过学校里的事，觉得恩格尔老师的教学方法很有问题，听他如此讲话，就干脆地答道："这孩子是个十分聪明的孩子，既然你教不了，那就退学好了。"

从此，南希夫人自己当起了小爱迪生的老师。由

发明家之冠　**爱迪生**

于南希夫人做过教师，在教学方法上很有一套。她对小爱迪生从不搞填鸭式的硬灌，而是在他提出疑问时，因势利导，和他一同思考这个问题。在妈妈精心的教育下，小爱迪生的聪明才智很快得到极好的开发和发展。所以，尽管他只有3个月小学教育的学历，却能一目十行，过目成诵。

老爱迪生为儿子这种惊人的领悟能力感到高兴，鼓励他买书看书。在小爱迪生家中，有历史书，也有地理书，有科学书，也有小说。他总是随手摸到什么就读什么，9岁时读了《罗马兴亡史》《美国史》《世界史》《解剖学》，11岁时便自学了《科学百科全书》和牛顿的著作，接着又读了意大利伟大的科学家伽利略生平事迹的书。他在书中看到，伽利略通过在比萨斜塔同时扔下两个大小不等的铅球的科学实验，推翻了过去"重的东西比轻的落得快"的学说，

→ 比萨斜塔

←小爱迪生做实验

这一以实验来判定事物对错的作法，让小爱迪生深为钦佩。

于是，关于实验的自然科学书籍渐渐堆满了小爱迪生的书桌，其中，他最感兴趣的是巴卡写的《自然科学与实验科学入门》一书。这本书介绍了当时最新的物理学和科学技术知识，以及各种实验方法。

对于好问、好学的小爱迪生来说，通过亲手做实验来证实书中的知识，是再自然不过的事了。他征得父亲的同意后，把空着的地下室清扫一遍，当做实验室。可实验用的材料、设备到哪去弄呢？他寻遍了家中的角角落落，又在镇中四处搜寻，终于找齐了装药品的瓶子。而重要的药品、实验器械只能用钱买了。

发明家之冠　**爱迪生**

→ 实验器材

他那几个零用钱怎么够用呢？

小爱迪生想起小时候当导游赚钱的事，忽然有了办法，他请求父母允许他把自家菜园里的菜，拿到集市上去卖，赚了钱再去买实验用品。小爱迪生是个十分幸运的孩子，他有一对开明、理智的父母。老爱迪生和南希答应了他的请求。

就这样12岁的小爱迪生开始了打工赚钱做实验的经历。从小的耳濡目染，老爱迪生经商的才能在小爱迪生身上一点没有逊色，相反更加突出了。小爱迪生通过薄利多销、低进高出的办法，一年赚了600美元。这在当时并不是一笔小数目。发明家兼企业家爱迪生就是这样从小锻炼成长的。

他把这笔钱存在妈妈手中，留下了需要的数目去买了他需要的实验药品和器材。实验的准备工作就绪了。

巴卡的《自然科学与实验科学入门》一书，对当时的年轻实验家和技术工作者来说是最理想不过了，小爱迪生12岁就受益于这本书，不能不算早，也不能不算万分幸运。假如他一直在以分数为重的学校里，假如他的父母不开明，假如他是个懒惰的孩子，那么，他都不会这么早就踏上科学之路。当然，这些假设都不存在，幸运的小爱迪生开始依靠自己的勤奋向发明家之路迈进了。

小爱迪生通过《自然科学与实验科学入门》一书的介绍，知道了测量大气压力、制造简单的气压表的

← 爱迪生雕像

发明家之冠　**爱迪生**

→水车

方法，试验了水车的制造方法，弄懂了真空泵的制造原理，还了解了不断燃烧的太阳及围绕它不停转动的行星的一些知识。这些实验，锻炼了他的观察能力和动手能力。

在演练他人设计的实验的同时，小爱迪生萌发了搞一次自己设计的实验的想法。这也是知识积累到一定程度、要向上升华的体现。他想——让人飞上天空！

小爱迪生在实验中得知，气球里如果充入比空气轻的气体，就会飘上天空；那么，如果人体内也充入比空气轻的气体，一定也会像气球一样飞上天空。

他在实验室里找来找去，终于翻出一瓶爆发剂。这种在当时很出名的药品也叫沸腾散，是碳酸氢钠与酒石酸的混合粉末，溶于水后，会产生大量轻于空气的碳酸气。小爱迪生当然已熟知它的这一特性，可怎么才能把气体充到人体中去呢？想了好半天，他异想天开地认为，把药吃到肚里去，人体内当然就充满了比空气轻的气体。

正在这时，他的好朋友，一个叫麦克尔的男孩来了，小爱迪生立即劝麦克尔吃下沸腾散，他告诉麦克尔，吃下这药，立即会像鸟儿一样飞上天空，那道理与气球飘向天空一样，而且只要抓住树枝，他就用梯子把他接下来。

对小爱迪生十分佩服的麦克尔毫不犹豫地吃下了所有沸腾散，又像鸟儿摆动翅膀一样上下摆动胳膊。一分钟过去了，两分钟过去了……结果嘛，现在的人当然都知道，麦克尔肚子疼得摔倒在地，送进医院治了3天才好。

据说，这件事发生后，老爱迪生把儿子带到小山岗上的瞭望台上，当着邻居的面，用柳条鞭子狠狠地教训了他一顿，并下命令说：

"今后再也不许搞实验了！把东西全扔掉！"

挨打时没哭的小爱迪生听了这话，哭了起来，哀求道："我以后再也不用人做实验了，你就让我留下实验室吧！"

发明家之冠 爱迪生

→被称作『现代巫师』的爱迪生

南希夫人在一旁对老爱迪生说："今后，平时把实验室锁上，我管钥匙；做实验时，先问明白要做什么，然后再交给他钥匙。"

亏得她的一番劝说，小爱迪生的实验室才算保住了，才使得他在实验室里进一步懂得了用手摸猫毛、用丝绸摩擦玻璃棒能够产生电，懂得了如何产生电流、制作电池。这些知识对爱迪生——这个后来被称为电力时代最伟大的发明家、"现代巫师"的人来说，其重要之处不言而喻。

"活人气球"实验失败后，小爱迪生深深懂得了搞科学实验的艰难和重要性。同时，搞实验是要花费很多钱的。安全地进行具有危险性的实验，必须要有一套完整的机械设备。那么实验搞得越多，钱花得也越多。怎样才能挣到更多的钱呢？

相关链接
XIANGGUAN LIANJIE

爱迪生卖菜受挫

爱迪生准备把家里菜卖掉换钱建实验室。第二天一早,爱迪生就拉了一车菜到镇上去了。到了傍晚,妈妈看到精疲力竭的爱迪生拉着一车菜回来了,他只卖掉10个西红柿。据说还是一个老奶奶可怜他才买的,一共才5分钱。

"为什么卖不掉啊?"他问妈妈。

妈妈说:"你带去的都是什么菜啊?"

"有西红柿、黄瓜、茄子、玉米……"

妈妈说"这些菜不是每户人家种的有吗?"

爱迪生说:"是啊,人家都种有这些菜,当然不会再买了。"

妈妈就问他:"那怎么办?"

爱迪生想想说:"我明天到镇上去问问大家想要什么菜。"

于是,爱迪生去镇上挨家挨户地询问想要什么样的蔬菜,结果得知甜瓜、西瓜、樱桃、莴苣、菠菜、卷心菜、洋葱很有市场。可爱迪生家没有这些菜，他又去找妈妈了。

妈妈告诉他："不用担心，隔壁布朗家的甜瓜、樱桃丰收了，菠菜和莴苣杰索家里最多，卷心菜还不到季节，洋葱，还是道格拉斯家的最好，个大，听说多得快要烂掉了。"

爱迪生立刻来了灵感："这么说来，镇上人想要的菜，有的家里是多余的，我可以用低价收购，然后拿到镇上去卖掉。"

爱迪生故居边上的海滩

火车少年

> 世间没有一种具有真正价值的东西，可以不经过艰苦辛勤劳动而能够得到的。
> ——爱迪生

对未知事物的好奇心，吸引着爱迪生不断地读书、做实验。为了能做更多的实验，他确确实实地付出了艰辛的劳动。这种少年时培养起来的好品质一直伴随了他的一生，为他的成功奠定了坚实的基础。

为了挣钱，12岁的小爱迪生和他的朋友们自己动手，在院子里开辟了一块空地，种上了各种蔬菜。菜丰收后，伙伴们一起又把菜拉到集市上卖，得到的钱又投到实验里去。

虽说种菜的活对小爱迪生来说，是个锻炼身体的好机会，但挣的

发明家之冠 **爱迪生**

钱并不够实验的费用,他只好开动脑筋想办法。米兰镇由于铁路在另一个镇子经过而萧条,而那个镇子却繁荣起来,这件在小爱迪生幼年时发生的事,这时给了他一个灵感:到火车上卖东西去。说干就干,他立即去火车站打听经过车次的时间。

这个时候,一条铁路干线由多伦多城起,经过休伦湖南部,一直延伸到小爱迪生家居住的休伦港,然后又修到了底特律,在那里与别的铁路干线连接在一起,乘火车旅行、公干、搬家的人很多。小爱迪生打听到,从休伦港到底特律的短途火车,早上7点半从休伦港发车,晚上9点半又返回休伦港,每天往返一回,时间正好合适。

1882年爱迪生研制成了当时世界上功率最大的发电机，现存列在美国历史博物馆里，这是一台直流发电机。

回到家中，他立即把自己的想法告诉了父母："我想到火车上去卖报。"

父亲大吃一惊："咱家的生活并没有苦到让你一个12岁的孩子出去干活啊！再说，到行驶的火车上走来走去，是十分危险的。你需要钱，可以管我要。"

可是，小爱迪生是一个想到就做到的人，为了挣更多的钱去做实验，他每天都要向父亲哀求几遍，深知他的秉性的父母只好答应了他。

小爱迪生兴高采烈地来到车站，向管理人员提出了上火车卖报的请求。这可是从来没有过的事，看来对旅客好处很大，管理人员是这样分析的。于是，他

发明家之冠 **爱迪生**

爱迪生发明的『探照车』

们立即答应了他的请求。12岁的小爱迪生就此开始了他跑火车挣钱的生涯。

每天天刚蒙蒙亮，小爱迪生就带着从附近农户收购来的水果、从报馆批发的报纸、杂志上了火车，东西很多，却没地方存放。乘务员十分喜欢他这样能干、聪明的孩子，就把行李车上的吸烟室让给他寄放东西。

7点30分一上车，小爱迪生就把自制的篮子用绳子吊在胸前，他每半小时就在火车上叫卖一次。乘客们坐在狭窄的车厢里本来是很闷的，一看到有人卖报纸、杂志、水果，都十分高兴，纷纷掏钱购买，东西很快就卖光了，小爱迪生获得了小小的成功。

火车到达底特律后，要修整8个小时，小爱迪生也就趁这段时间，到街上采购些回程时在火车上卖的东西，也是事有凑巧，他走着走着，突然发现一幢大楼门前挂着"公共图书馆"的牌子。他急忙走进去。里面让他大吃一惊：好多好多的书干干净净地立在一排排书架上，仿佛做一个深呼吸，就能嗅到一缕缕墨香，而这样的屋子有好多好多间。这里的每一本书好像都是他的朋友，他立即下了决心：今后火车修整的时间就来看书。

底特律公共图书馆在小爱迪生面前打开了一个世界，这里的书，毫无疑问地帮助他开阔了思路，掌握了知识。他一头扎进书堆里，8个小时可以说一分钟也没浪费。这个时候的小爱迪生已经相当勤奋了，他每天天刚亮就起床，夜里11点才就寝，既能把火车上的销售工作搞得有声有色，又能在图书馆里饱读图书。

12岁的小爱迪生已经在"半工半读"中显露了他的个性。在他后来做为发明家的生涯里，他能够以别人

发明家之冠　**爱迪生**

→ 用爱迪生的电报机发报

的或是自己的最初发明为基础，不断地改进。故步自封这个词，在爱迪生的头脑中是没有的。火车卖报的工作进行了四五个月后，他发现其他车次的火车上没有他这样的售货员，就雇了一个少年，在休伦港火车站开了个小卖店；当铁路公司增加了早晨由底特律发的快车时，他又雇了一名售货员给他在那次火车上卖货。看来，小爱迪生从小就有经商的才能呐。

火车卖货获得了很大成功，小爱迪生把收入的1/5交给母亲，余下的全部用来买实验用的化学药品和器械。但是，尽管赚了钱，买了实验用品，可又没有了做实验的时间。这可怎么办呢？

小爱迪生想来想去，想到只有在火车上卖货之余

做实验，才是最可行的办法，那么在行驶的火车上建一个实验室行不行呢？他在准备好许许多多劝说的话后，向列车乘务员提出请求，不想，乘务员十分爽快地答应了："行啊，反正吸烟室空着呐。不过你可要注意安全。"爱迪生对乘务员的要求满口答应了下来。

他把地下室实验室里的瓶瓶罐罐、格架、桌椅全都搬进了吸烟室。很快，一个像模像样的列车实验室建成了。小爱迪生在这里面做着心爱的实验，验证许许多多前人的论断，真是快活极了。

但是，他也惹出了些麻烦。爱迪生从小就是个淘气的孩子，就是在火车上也改不了这个毛病。他经常在火车已经起动了的情况下跳上车，或是趁火车还未停稳，就跳下车。一次他在史密斯克里特车站的月台上碰到了熟人，只顾着和熟人谈话，火车开动了都不知道。当他察觉时，

发明家之冠　**爱迪生**

已经来不及跳上客车门的踏板。当时，客车和货车是连在一起营运的，小爱迪生飞快地跑，也只是抓住了挂在客车后面的货车的把手。车速越来越快，眼看他就要被甩掉了。就在这千钧一发的时刻，货车上的列车员赶到了，用双手扯着爱迪生的两只耳朵，用尽全身力气，才把爱迪生拽上来。如果不是这样，爱迪生就会掉到车轮下了。

命保住了，爱迪生捂着耳朵蹲了好一会，才渐渐缓过来。据说，爱迪生耳朵不大好使就是从这时开始的。

关于爱迪生耳朵不好使的原因还有一个传说，说是他在列车上的一次实验失败造成的。

在小爱迪生的列车实验室里，摆着许多装着化学

药品的瓶子，其中一瓶就是接触空气就会自燃的磷棍。当时的火车开起来摇晃得很厉害，可巧有一天，爱迪生正在做实验时，在火车剧烈的摇晃下，那瓶磷棍从格架上掉了下来，转瞬间，从破裂的瓶子里掉出的磷棍燃烧起来。

←爱迪生和他的铁镍蓄电池

　　爱迪生见势不好，立即脱下外衣扑火，不料，外衣也着了，火势随即蔓延开来。

　　浓烟涌进了客车厢，乘客们惊得吵嚷起来，在列车员和乘客们的全力扑救下，大火好不容易才熄灭。这时，随着浓烟，列车实验室里涌出了刺鼻的化学药品味。

　　盛怒的列车员狠狠打了小爱迪生一个耳光，把实验室里的东西和爱迪生一起赶下了火车。

　　有人说，从那时起，爱迪生的耳朵逐渐聋了。可以说，这次失火给了他极大的教训。从此以后，爱迪生做实验总是很小心、仔细，这对他是很有好处的。

发明家之冠　爱迪生

第二天，他找到列车员道歉，没想到，平静下来的列车员和善地拍拍他的肩膀，说："以后要加倍小心啊。"时间在火车的运行中一天天过去，爱迪生已15岁了。这时，美国南北方为了废除奴隶制打起了内战，人们都十分渴望尽快地了解战争进展情况，爱迪生的报纸卖得格外快。

一天，爱迪生在底特律等着领报纸时，在新闻记事栏里看到了一条新闻：风传许露战役，南北军共死伤6万。聪明的爱迪生立刻意识到，这条新闻一定能使报纸畅销。他立即向报社的人买了1000份报纸。平时，即使是最畅销的报纸，也不过能卖出300多份，人们都为他的这一举动暗暗担心。

只见爱迪生把报纸搬进车厢后，急忙跑到底特律车站报务员那里。他说："请您把报上这条新闻的标题，用电报通知铁路沿线的各个车站，请他们把标题写到揭示板上。"

熟识的报务员满足了他的要求。

果然，不仅火车上的乘客纷纷来买，各车站月台上看到揭示板的人也蜂拥而至抢购。爱迪生随之提高了报纸售价，可人们还是抢着买。就这样，当火车到达休伦港时，报价已涨了4倍，1000份报纸还是全部卖光了。

从这件事中，爱迪生看到了好新闻的价值，看到了报纸的作用，在他成为全世界闻名的发明家的过程中，新闻媒介发挥了巨大作用，这个事实有它的渊源。

有一天，爱迪生在底特律城的一家文具店里，发现了一台带有全套铅字的印刷机，由于是半新的，价格还算便宜。他立即想到，既然卖报能

发明家之冠　**爱迪生**

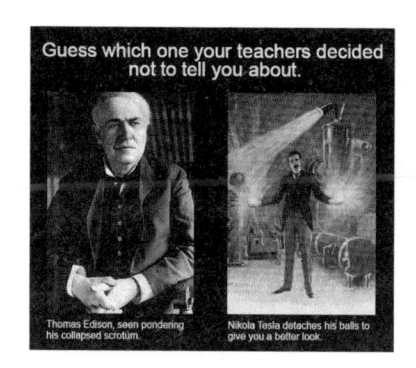

赚钱，办报不是更能赚钱吗？于是，他用卖报赚的钱，买下了这台印刷机。

爱迪生的计划是，依靠朋友、依靠乘务员、依靠自己，把休伦港、底特律这些铁路沿线城镇发生的有趣的事收集起来，办一张自己的报纸。

他把印刷机安在自己的列车实验室里，开始创办报纸。这是一份周刊，名叫《先驱周报》，主编、记

→ 爱迪生在实验室里

科学家卷　033

← 爱迪生的实验室

者、印刷、发行，都由爱迪生一人担任。

这份世界上第一份在行驶的列车上出版发行的报纸，受到人们的好评，很快出了名，报纸也由原来手帕大小的小报，扩大成正式的版面，还改名为《闲评》，受到了英国著名大报《伦敦泰晤士报》的赞扬。

人们常说，千里之行，始于足下。爱迪生正是从儿时对世界的好奇出发，一边赚钱，一边做实验，成长成为发明家兼企业家。有财力支持，才能搞发明，才能把发明变成实用之物。这正是他作为火车少年时总结的信条。不知不觉中，爱迪生长大成人了。

发明家之冠 爱迪生

到处流浪的电报技师

> 平静的湖面，练不出精悍的水手；安逸的环境，造不出时代的伟人。
> ——列别捷夫

爱迪生开始在行驶的火车上，采编发行那张《闲评》的那年夏天，发生了一件对爱迪生十分重要的事。

一天，列车在克雷门斯山站暂停，调换货车，爱迪生从车上下来，与月台上的熟人说话，突然，他看到麦肯基站长3岁的儿子吉米正独自在不远处的铁路专用线上玩，一辆由机车甩下来的货车飞速滑向吉米，眼看就要滑到吉米跟前了，可吉米并未发觉，爱迪生"呀"的一声，拔腿就向吉米跑去。就在货

→世界第一台电报机

科学家卷 035

←爱迪生救吉米

车即将从吉米身上轧过去的瞬间,他抱起吉米,一翻身,滚到了路基下。小吉米平安无事,可他身上却受了伤。

目睹这一情景的人都惊呆了,闻讯赶来的麦肯基站长握着爱迪生的手,惊惧、后怕、感激,种种感情交织在一起,使他哽咽着说不出话来。

这时,火车开车的汽笛拉响了,爱迪生摇了摇麦肯基站长的手,笑了笑,就跳上车走了。

第二天,麦肯基站长在克雷门斯山车站的月台上,焦急地等待着爱迪生乘坐的那次火车的到来。他一看到爱迪生就走上去拉住他的手,说:"昨天多亏了你,

发明家之冠 **爱迪生**

←电报机

小吉米才得救了,真不知怎么感谢你才是。"

爱迪生不好意思了:"小事一桩,谁遇到这个事都会这么做的。"

"这样吧,我把我会的电报技术教给你,作为我对你的感谢,虽说不是什么像样的礼物,可对你的将来一定有用。"

爱迪生本来觉得救小吉米是件应该做的事,不值得别人千恩万谢,但一想到这是站长的好意,而且自己又一直对电报技术很感兴趣,就很不好意思地答应了。

就这样,每周4天,爱迪生都要到麦肯基站长家学习电报技术,而由克雷门斯山车站到底特律车站这段路途的售货工作,就让给别人做了。爱迪生本来对电报机就很熟悉,因此,那些电报操作方法很快就掌握了。但他并不满足于此,而是坚持不断地练习按键、收信号。麦肯基夫人对爱迪生也十分感激,加之她觉得这个少年很勤奋,很不同一般,就对他百般鼓励,还给他做各种美味。

在麦肯基夫妇的精心教育和照顾下，不出3个月，爱迪生已经成为一名出色的电报技师，他进步的速度令麦肯基站长吃惊，因为，麦肯基站长的电报技术似乎也比不上他的了。

15岁的爱迪生掌握了电报技术后，就停止了火车售货的工作，在休伦港开了个小电报局。当时的美国，一般百姓是可以经营电报技术的，因此在爱迪生之前，休伦港已有了一所电报局，生意自然不好做。这种情况下，爱迪生只好多读书，多做实验。

第二年春天，圣克利亚河底的电线被开冻的冰块给切断了，休伦港与其他城镇间的电报被迫中断了，而断了的电线一时间也修不好。

↑塞缪尔·莫尔斯在1846年制造的第二台电报机

发明家之冠　**爱迪生**

　　看着急着发报的顾客，爱迪生又一次急中生智，想起了火车头上的汽笛。他立即跑到火车站，跳上火车头，拉响了汽笛。他按照拍发电报信号的长短来控制汽笛的声音，进行了紧急通信联络。

　　"嗒嗒——嗒——嗒、嗒、嗒……"声音传到了远处，那里的电报技师听懂之后，也用汽笛做了回答，休伦港与外界的电报联系恢复了。

　　爱迪生的电报技术才能和机智立即传遍了周围的城镇，几乎是家喻户晓。不久，他就接到了从加拿大斯特拉特福特车站寄来的邀请信，上面写着：请你来担任本站的夜间报务员。爱迪生认为，夜间工作，白天就可以搞实验了，这个工作很合适。于是，16岁的爱迪生平生第一次干上了正式的工作，工资是每月25美元。

实际上，夜间报务员的工作十分枯燥无味，每天从晚上7点到早上7点，毫无目的地等待着从别处打来的电报，往往是整整一夜也收不到一份电报。公司怕夜间报务员偷懒打瞌睡，要求他们每隔一小时向总公司拍一次"6"的点信号，以此表明他们还清醒地坚守岗位。

爱迪生白天做实验，晚上上班时，就困得上下眼皮直打架。反正一般晚上都没什么事，为什么不发明一个能自动拍发"6"点信号的装置呢？这个时候，爱迪生6年来刻苦实验终于结出一枚小小的果实。其实，读书、实验的过程，是掌握事物普遍规律及事物间相联系的关键点的过程，掌握了规律和相互转化的关键点，就能窥得新事物产生的必要条件。爱迪生抱着疑问读书，知识就在他的脑子里活起来了。

爱迪生以实验室里得来的经验为基础，想到把齿轮安在时钟上，通过时钟——齿轮——发报机

↑1876年格雷发明"音乐电报机"

发明家之冠　**爱迪生**

这一传动过程，自动发送信号。结果，他的这项小发明成功了。

在这个自动拍发"6点"信号的小发明忠诚地工作的时候，实验室里忙碌了一天的爱迪生放心地进入了梦乡。

时间一长，没想到又出了麻烦。由于爱迪生总是异常精确地按时拍发信号，引起了总公司上司的注意，他们说："别的报务员总有打瞌睡、忘发信号的时候，而这个爱迪生，却从来没误过，真是不容易。有时间咱们拍一封感谢的电报给他。"

一天，总公司真的拍发了一封感谢信给爱迪生，不料，爱迪生方面却没有任何表示。深感疑惑的总公司主任电报技师从总公司赶到斯特拉特福特站，眼前的情景令他大为恼火：爱迪生睡得正香，旁边的电报机键却开始自动发报。爱迪生立即被解雇了。

不过，当时的电报技师找工作还很容易，爱迪生很快又受加拿大的另一家电报公司雇用，当起了萨尼亚车站的报务员。不过，这回他可不敢再睡觉了，他托嘱车站的其他人，在他万一睡着的时候就叫醒他。

可是，有一天却发生了这样一件事。

那天夜里，爱迪生收到这样的信号："为使从相反方向来的列车先通过，令原来应先通过的货车停车让路。"他立即拍发了"知悉"的回电，然后立即跑到月台上通知信号员。可是无论爱迪生怎样寻找，信号员就是不见踪影，就连其他工作人员也不知哪儿去了。无奈之下，爱迪生连忙跑回去，给发来电报的车站回电，让从相反方向来的列车停在邻站。可是，邻站以为货车正等候在萨尼亚站，已经让列车开出了。

眼看着两辆毫不知情的火车在同一线路上对开，爱迪生急得直跳脚，却想不出任何办法。幸好，两列火车的司机发觉了险情，及时拉下了紧急刹车闸。当两列火车都停下时，车头间的距离仅有两公尺。

尽管这次事故并不是爱迪生造成的，但公司经理却放过了溜号的信号员，盘问起爱迪生来，萨尼亚车站的人也把责任往年轻的爱迪生身上推，有人说："这

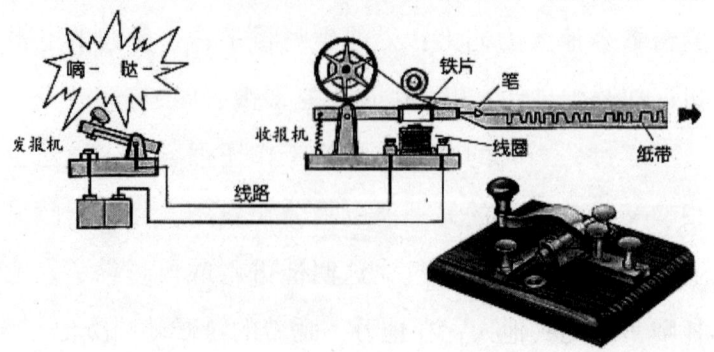

发明家之冠　**爱迪生**

是他的责任，让他去坐牢。"

听了这话，爱迪生觉得满身是嘴也说不清，大祸临头了。他趁经理招待客人的空子，逃出了经理室，一口气跑到了萨尼亚港口，乘船回到了休伦港，回到了美国。

这时，美国的南北战争还在进行，正是需要电报技师的时候。爱迪生凭着自身出色的电报技术，先后在密歇根州的雷纳威站，印第安纳州的福特温和印第安纳波利斯、辛辛那提工作，电报技术愈发炉火纯青了。他在辛辛那提州工作时年仅18岁，可月工资已拿到125美元。这时的爱迪生并没有忘记他四处奔波流浪的初衷，开始阅读发明第一台发电机的伟大科学家法拉第写的《电学试验研究》一书，从此和电打上了

交道。也是从这时起，他养成了做实验记录的习惯，并一直坚持到他去世。形成天才的因素就是勤奋。由于爱迪生钻研《电学试验研究》并很好地掌握了有关电的知识，他开始制造了一种后来成为他一大发明的"自动再生电报机"的基础机械。

尽管这时的爱迪生怀着远大理想，从长期的实验研究，走向发明创造，但周围的人并没有看清他的潜能，只把他当作一名普通的电报技师，他坚持做实验的行为并不被人理解。

流浪了这么久，爱迪生开始思念父母，他回到了休伦港，并住了一段时间。在这段时间里，搞发明创造的念头在爱迪生心里不断出现，他决定，再次走出家门，闯荡世界，寻找机会。

发明家之冠 **爱迪生**

相关链接
XIANGGUAN LIANJIE

莫尔斯发明了电报

莫尔斯美国艺术家兼发明家。1791年4月27日生于马萨诸塞州查尔斯顿（现在是波士顿的一部分）；1872年4月2日卒于纽约。

在他41岁那年，他从法国学画后返回美国的轮船上，医生杰克逊向他展示了"电磁铁"，这个小玩意儿使莫尔斯产生了遐想：既然电流可以瞬息通过导线，那能不能用电流来传递信息呢？为此，他在自己的画本上写下了"电报"字样，立志要完成用电来传递信息的发明。

回美国后，他全身心地投入到研制电报的工作中去，从头开始学习电磁学知识。他买来了各种各样的实验仪器和电工工具，把画室改为实验室，夜以继日地埋头苦干。他设计了一个又一个方案，绘制了一幅又一幅草图，进行了一次又一次试验，但得到的是一次又一次失败。在深深的失望之中好几次他想重操旧业。然而，每当他拿起画笔看到画本上自己写"电报"字样时，又为当初立下的誓言所激励，从失望中抬起头来。

他冷静地分析了失败的原因，认真检查了设计思路，发现必须寻找新的方法来发送信号。1836年，莫尔斯终于找到了新方法，设计出了著名且简单的电码，称为莫尔斯电码，它是利用"点""划"和"间隔"（实际上就是时间长短不一的电脉冲信号）的不同组合来表示字母、数字、标点和符号。著名的"莫尔斯电码"，是电信史上最早的编码，是电报发明史上的重大突破。

莫尔斯在取得突破以后，马上就投入到紧张的工作中去，把设想变为实用的装置，并且不断地加以改进。1844年5月24日，是世界电信史上光辉的一页。莫尔斯在美国国会大厅里，亲自按动电报机按键。随着一连串嘀嘀嗒嗒声响起，电文通过电线很快传到了数十公里外的巴尔的摩。他的助手准确无误地把电文译了出来。莫尔斯电报的成功轰动了美国、英国和世界其他各国，他的电报很快风靡全球。

发明家之冠　**爱迪生**

走上发明之路

> 今天当做之事,勿候明天;自己当做之事,勿候他人。要做一番伟大的事业,总得在青年时代开始。
>
> 创造一切非凡事物的那种神圣的爽朗精神总是同青年时代和创造力联系在一起的。
>
> ——歌　德

21岁的爱迪生一直琢磨着搞发明创造,但他手中的钱都拿来买实验用具了,并没有一点存款。这么大的人了,该能独立生活了,找到工作是大事。于是,他给在辛辛那提结交的朋友阿答木斯写了封信,请他帮忙找一份工作,阿答木斯对爱迪生熟练的电报技术记忆深刻,就把他介绍给了波士顿的西方联合电报公司。

波士顿是个十分繁荣的地方,各种各样的机会极多,爱迪生对这个城市一直很向往。但是,他身无分文,买不起去波士顿的火车票。

恰巧在这个时候,爱迪生遇上了一个正在发愁的铁路员工，这个人正为传送电报用的两根电线中的一根被暴风雨刮断不能通讯而苦恼，爱迪生立即运用在《电学试验研究》中学到的知识，发明了只用一根电线就能通讯的办法。这位铁路员工为了酬谢爱迪生，就给他买了去波士顿的车票。

波士顿是美国马萨诸塞州的首府和最大城市，是美国最古老、最有文化价值的城市之一。

爱迪生去波士顿的时候正是深冬，由于把钱都用在实验上了，没有一件像样的衣服，甚至没有棉大衣，他只好在破旧的衣服外面，再套上一件皱皱巴巴的薄罩衣。

没想到，火车在通过加拿大东部时，遇上了暴风雪，中途停车3天。为了让火车及早开动，男乘客们都下车扫雪，当时的气温是零下10多度，可爱迪生和别人一样干得欢，仿佛忘了自己连件棉大衣也没有。

经过千辛万苦，爱迪生终于到达波士顿。

由于阿答木斯的介绍信写得很好，西方联合电报公司接受了爱迪生，并分配他干老行当——拍发、接

发明家之冠 **爱迪生**

收电报。公司的同事们看到，一个穿得破破烂烂的乡下人竟然这么容易就谋到职位，都很不服气，就设计捉弄他。

爱迪生第一天上班，就被指定接收由纽约拍来的新闻电讯。拍发来的电报，一会儿很慢，一会儿又很快。同事们都看着爱迪生，等着他手忙脚乱地出丑。没想到，爱迪生满不在乎地把电码译了出来，不仅一字没错，还拍发了一份回电："速度太慢了，请加快速度。"

对方——纽约的电报技师——这回变本加厉，发来的电报不是信号连在一起，就是单句连在一起，很

→ 早期的电报所

难懂。爱迪生依然从容不迫，又回电到："累了吗？用脚替手拍如何？"

这下对方乱了阵脚，发来的电报错误百出，后来不得不停拍认输了。

←电动投票记录机

同事们惊呆了，对爱迪生钦佩得五体投地。原来，对方那个纽约电报技师，是被公认为技术第一的人，从来没有人能在他面前赢过。这回，一个乡下来的20多岁的小伙子赢了，怎能不让人惊讶呢？这样一来，爱迪生声名大振，在波士顿的生活顺利开始了。这就应了这样一句话：幸运从来只光顾有准备的人。

据爱迪生后来自己说，那时，他想：假如人能工作到50岁，现在已过去一半了，今后为了想搞自己想搞的发明，必须不眠不休地干了。

在他的房间里，摆满了实验用的瓶瓶罐罐，只要他一下班，就一头扎进房里做实验，琢磨着搞发明：

爱迪生的第一件申请专利权的发明是"电动投票记录机"，是为议会选举、表决准备的，可以自动地记录和显示表示赞成或反对的人数，他认为，这项专利既可以使他收入一笔钱，还可以使他的发明才能迅速被人认可。他把精心制作的电动投票记录机带到华盛

发明家之冠　**爱迪生**

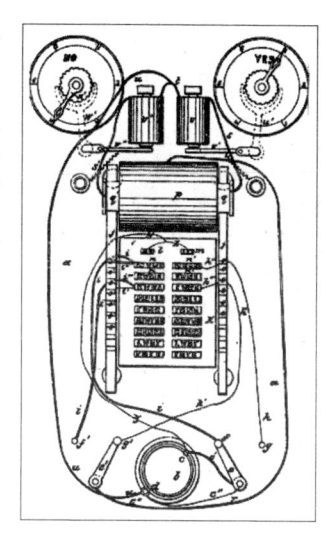

← 电动投票机的设计图

顿，却没想到遭到冷遇。有人说，结果出来得太快了，让人不适应。其实可能还有其他的原因，但总而言之，爱迪生的这个发明可以算是失败了。从这件事中，他得出一个结论就是：搞发明要符合人们的需要，要具有实际操作的可能性。

电动投票记录机的失败，激发了爱迪生接着搞其他发明的欲望，一天，同事们闲聊时，老板说："爱迪生先生，也许到了纽约那样的大城市，你会大有作为的。"

在老板的鼓励下，爱迪生决定到纽约去干一番事业。1869年初，一文不名的爱迪生借钱买了张船票，奔向了他的目的地。

和到达波士顿一样，爱迪生到达纽约时也是一个严寒的清晨，不仅囊空如洗，而且饥肠辘辘。

纽约的大街小巷行人还不多，爱迪生漫无目的地向市中心走去。当他走过一家茶叶批发商店时，屋里传出浓浓的红茶里兑上牛奶的香味，刺激得他越发饿起来。他走进屋去讨杯茶喝。好心的老板给了他一杯

茶。这是大发明家在发迹地纽约吃的第一顿早饭。

← 电报机

有了力气,爱迪生四处奔走,打听谁要雇用电报技师,可是没有结果。他忽然想起一家劳斯金融报告公司,这是一家很有名的专门把调查到的金价通知各处用户的公司。他找到这家公司,这家公司答应他3天后进行录用考试。

可这3天怎么过呢?到哪里吃?在哪里住?爱迪生皱起了眉头。天无绝人之路,有一个意想不到的人跑来帮助了他。这个人就是从纽约拍电报为难爱迪生的那个有名的电报技师。他一听说爱迪生来到纽约,

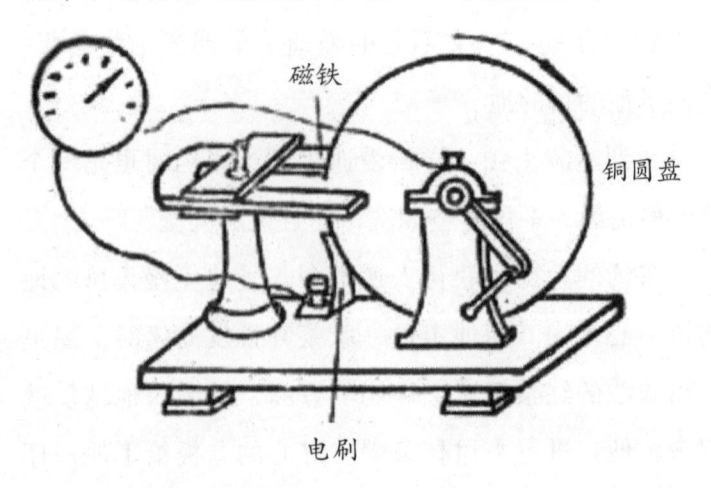

← 法拉第圆盘电动机

发明家之冠　爱迪生

←由爱迪生发明的电报机

就赶来拜会了。当他得知爱迪生所处的困境后，就热心地帮他住进了公司安装着机器的地下室。

这3天里，爱迪生没闲着，他仔细观察了地下室里的机器，了解了机器的性能、结构。第三天早上，幸运再次降临到爱迪生头上。随着"轰"的一声巨响，公司里四处人声鼎沸。原来，公司里的电报机械发生了故障，报价工作无法进行。由于得不到金价行情，各处分店、顾客蜂拥而至。偏偏公司的修理工们谁也找不出故障所在，正当公司经理大发雷霆时，在一旁观察、琢磨了很久的爱迪生自荐道："让我来修一修吧。"公司经理早已急得团团转，也不管眼前的人认识不认识，立即把人推到机器前。爱迪生马上查出了故障的原因，原来是一个螺丝断了并且夹在了两个齿轮中间。

两个小时后，机器修好了，公司工作又恢复了正常的秩序。

第二天，爱迪生被请进了经理室，经理笑眯眯地说："爱迪生先生，你的本事我都知道了，请你从今天起到我的公司上班，担任技师长，负责机器的事，一个月给你300美元的工资。你看行吗？"

爱迪生听罢，喜悦之情自不必说，身无分文来到纽约，第四天就成为挣300美元的技师长，他的才能终于得到了别人的认可！

门捷列夫说过：天才就是这样，终身劳动，便成天才。爱迪生从懂事起，就从不间断地读书、做实验，他辛勤的劳动也终于报答他了。

不久，爱迪生与公司里另一个优秀的技师包普创立了名为"包普——爱迪生合股公司"的研究所，一

← 爱迪生发明的电报机

发明家之冠　**爱迪生**

个名叫阿修雷的年轻的技师也资助了他们。工作之余，爱迪生就孜孜不倦地搞发明。

在这里，爱迪生发明了新式电报机，可以把接收的电报照样印成文字，这种新式电报机使一次可收发电报字数从50多字扩展到3000多字。爱迪生由此一举成名。

这时，股票市场行情变化剧烈，各金融公司使用的报价机是英国制造的，功效很差，已经不适应时代要求了。一天，很欣赏爱迪生发明才华的公司经理对爱迪生说："能不能利用你的新式电报机，再发明一个更方便的报告金价、股票行情的机器呢？"

→ 键盘式电报机

爱迪生利用新式电报机的优点，对英国老式报价机进行了改进，使之更加实用快捷。叫作"证券报价机"，爱迪生为它申请了专利。这种证券报价机直到20世纪50年代仍在使用。

公司经理找到爱迪生，表示要买这份专利，他问道："你打算多少钱把它让给我呢？"

第一次接触这类问题，爱迪生没有经验。他想：要5000美元吧？不行，太多。3000元呢？他反复掂量着，吞吞吐吐地不能开口。经理不耐烦了，他说："4万美元吧，年轻人。行不行？"

后来爱迪生回忆到：当时我心跳得很厉害，真怕对方听到我的心跳。3天后，爱迪生拿到了一张4万美元的支票。当他自己来到银行取钱时，银行职员告诉他支票上没签字，不能付钱。耳背的爱迪生没听清他说什么，以为支票是骗人的，就怒气冲冲回到公司找经理算账。经理一听笑了，找人陪着他又回到银行，这回，银行的职员捉弄了他，故意给了他4万美元的

发明家之冠　**爱迪生**

小面额钞票。口袋里鼓鼓囊囊地塞满钞票，让爱迪生小小地出了回洋相，可他却十分高兴：有了这张4万美元可以专心搞发明了。

爱迪生利用这4万美元，在纽约近郊的纽华克建起了一座实验工厂，还雇用了300名工人，西方电气公司参加了这项企业的投资。在这座工厂里，爱迪生发明了最初的实用打字机，发明了穿孔纸条的自动印字电报机，还发明了可以在同一根电线上拍发几份电报的双联发报机和四联发报机，并把专利卖给了自动电报公司。

在爱迪生发明事业开始欣欣向荣时，家乡却传来噩耗，南希夫人逝世了。听到这个消息，爱迪生忍不

→ 爱迪生和他发明的电报机

住趴在桌上大哭起来。他忘不了慈爱的母亲对他的精心抚育,忘不了她对自己健康成长所花费的心血。不久,爱迪生把孤孤单单的父亲接到了身边。而且,像是为了怀念年轻时的母亲,他娶了18岁的梅莉。

抑制住丧母的悲痛,爱迪生继续专心搞发明。

当时,爱迪生一直致力于发明电话机,但是贝尔第一个申请了专利,这使爱迪生很失望。但是,后来他听说,贝尔电话机的音量很小,就是在纽约和华盛顿之间也不能应用。他想到了自动投票记录机的失败,不实用的东西不等于成功。于是,爱迪生把注意力放在改良贝尔电话上。他利用碳的特性,发明了矿石电话机,并由于出让专利,得到了17年内每年1.2万元的报酬。这一年,爱迪生29岁。

发明家之冠 爱迪生

相关链接
XIANGGUAN LIANJIE

第一个发明电话的人

亚历山大·格拉汉姆·贝尔（1847-1922），英国发明家，电话的发明人。

1876年，美国费城举行了一次盛大的博览会，会上展出了当时世界上新发明的产品。一天，巴西国王莅临参观。国王兴致勃勃地观赏一只小盒子和听筒，年轻的发明家贝尔跑过来请国王把听筒放到耳边，而自己在远处讲话，国王听到贝尔的声音，大为震惊，高声地说："我的上帝，他说话了！"贝尔告诉国王，这是电话。从此，电话和贝尔名字就远扬四海。

贝尔是怎样发明电话的呢？长距离间通话的设想，早已有之。到19世纪70年代，美国发明家格雷首先设计了一套"情侣电报装置"。他使用两个罐头盒，每只盒子底部由一条绷紧的绳子联结起来。当一个人对着一端罐头讲话时，振动通过绳子传达给

科学家卷 059

另一端罐头。这个实验使格雷认识到人的声音由各种不同的频率的音调构成，如果能设计出合适发话器，再把声调变成电的讯号，传递后再在另一端变为话音，这不就实现远距离通话了吗？

格雷的设想虽好，但是实现它并不容易。这个艰巨任务落在另一个发明家贝尔肩上。贝尔出生于英国苏格兰，1869年赴美国定居，担任波士顿大学语文教师。他从电报装置得到启示，决心把格雷的设想变为现实。

贝尔和他的助手华生动手设计了中心设置磁舌簧的发话器。这种发话器能传递各种频率的声音，振动舌簧通过电磁感应转换为各种电振荡。同样结构的装置放在一定距离的另一端，作为接收机用。1876年2月14日，这项发明获准专利登记。

不久，贝尔电话公司成立。当时的电话体积大得惊人，像个大箱子，发话人必须大声喊叫，而且只能在小城市范围内通话。

开发和完善电话技术的任务又落在大发明家爱迪生身上。他对贝尔的电话结构进行了革命性的改造，用碳粒接触来控制电流强度。同时，华生又增加了磁性电铃，制造了交换台设备。这时，电话才

发明家之冠 **爱迪生**

逐步达到完善地步。

1948年以来，晶体管逐步取代了继电器和其他通讯装置。1960年科学家又发明按键号盘，使用晶体管发出音频。近年来，又发展了用激光作为载波源的激光电话和代替主人回话的记录电话等，使电话成为现代生活不可缺少的工具。

格雷、贝尔、华生、爱迪生等作为电话发明的先驱而载入史册，贝尔电话公司的大名，迄今仍誉满全球。

1892年纽约芝加哥的电话线路开通。电话发明人贝尔第一个试音："喂，芝加哥。"这一历史性声音被记录下来。

相关链接

爱迪生为电报冷落新娘

那是1871年12月25日,爱迪生与玛丽·史迪威举行婚礼。婚礼仪式刚结束,爱迪生脑子里突然涌现出一个改制自动发报机的方案,于是向新娘告假,急匆匆回到工厂做实验,他还向新娘保证,一会儿就回来。

可一进实验室,爱迪生就什么都忘了。他的朋友约瑟夫·默里来到实验室,看见爱迪生在那,大吃一惊,"好啊,先生,人们到处找你,你却躲在这里,新娘都急坏了!"原来那时已经是夜里12点,爱迪生回过神来:"今天是我结婚的日子,我不能让玛丽一人待在那里!"

爱迪生以他的执着,在1872年至1876年间对电报机做了多项改进,他为此到美国专利局去了近百次。专利局局长说:"在通向我这里的道路上,年轻的爱迪生留下的足迹最多。"

发明家之冠　爱迪生

门罗公园

> 科学家不是依赖于个人的思想，而是综合了几千人的智慧，所有的人想一个问题，并且每人做他的部分工作，添加到正建立起来的伟大知识大厦之中。
>
> ——卢瑟福

爱迪生由于在1876年向西方联合电报公司出让了矿石电话机专利，获得了一大笔收入，他利用这笔钱，在纽约市郊的门罗公园建立了一所新的研究所，还在这里修建了自己的住宅。

老爱迪生看到小时候被人称为"笨蛋"的儿子出息了，心里很是欣慰。他兴致勃勃地亲自参与修建研究所工程的事宜。门罗公园位置比较偏僻，人家很少，风景十分优美。爱迪生认为，这里就像休伦港一样好，父亲可以含饴弄孙，安度晚年，自己也可以安心工作了。

门罗公园的实验室呈长方形，分上下两层，周围还有木工房、机械加工车间、图书馆。在这里，爱迪生和他手下的一帮人可以足不出户,就得到创造发明所需要的资料、器具等,既不受外界的干扰,又最大限度地集中了精力。

30岁的爱迪生深知,要大规模地搞发明,单单靠他自己一个人干是不行的,手下必须有一批能人,迅速地把他的想法转化为实物。因此,他四处网罗人才。很快,在爱迪生手下出现了英国工程师查尔斯·巴切勒、瑞士钟表匠约翰·克罗西、法国技师西格蒙·伯格曼、数学家厄普顿、玻璃吹制工贝姆。爱迪生甚至拿出10万美元的年薪,聘请闻名世界的美国黑人农业化学家佐治·华盛顿·卡费到门罗公园来工作,可惜的是,卡费拒绝了。不然的话,一位被爱因斯坦称为"自古迄今最伟大的发明家"的爱迪生,一位农业化学的创始人、能用花生制造300多种制品的卡费,两个人工作在一起,会有多大的奇迹出现啊!

爱迪生率领着这些人才拼命地工作。因为当时在

发明家之冠　**爱迪生**

爱迪生面前有着威斯汀豪斯·豪斯顿、汤姆生、西门子等许多竞争者，他们都在发电机、配电器、变压器、电力表、灯泡、导电体、断路器、熔断器、电动机等项目上倾尽全力。

竞争是激烈的。爱迪生提出，门罗实验室应当每10天有一项小发明，每6个月有一项大发明。果然，门罗实验室成立不久，就有新鲜的、甚至闻所未闻的事物出现。周围的居民对实验室投以好奇的目光，大家传言，门罗公园里住着一位"现代的巫师"，各家报纸更是盯住这里不放，实验室外面总有记者转来转去。大家把爱迪生当作一个真实的神仙，甚至传说，爱迪生睡觉时总枕着一部辞典，一觉醒来，辞典的内容就

→爱迪生和他的工作人员

←爱迪生在实验室里小憩

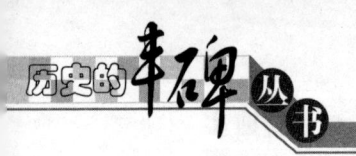

印进爱迪生的脑海里了。

其实，爱迪生的勤奋是常人难以想象的。他的手下人曾经这样写道：爱迪生睡觉，不分时间，不分地点，什么都可以当床。曾经见过他用手做枕头睡在一张工作台上；还见过他两脚架在办公桌上睡在椅子里；有时，他也穿着衣服睡在小床上；还有一次一连睡了36个小时，中间只醒一个小时，吃了一大块牛排和一些土豆、馅饼，抽了一支雪茄；他还有站着睡觉的时候。

同时，爱迪生为了发明留声机，曾经连续5天5夜不睡觉，他思考，他计算。正像柴可夫斯基所说，灵感全然不是漂亮地挥着手，而是如犍牛般地竭尽全力

发明家之冠　**爱迪生**

门罗公园实验室里的瓶瓶罐罐，上面的所有标签，都是爱迪生亲手书写贴上的。

工作时的心理状态。

在爱迪生和他的手下的努力下，门罗公园实验室发明了温度计、扩音器、留声机、电灯等许多东西。为了让电力实实在在为普通民众服务，爱迪生于1881年在门罗公园建起一个发电站，此举轰动了全欧洲，纽约的人们甚至上街游行庆祝。发电站的建立，刺激了新工业的发展，"爱迪生大陆公司"随之建立并在欧洲遍设分公司。这个公司不仅制造了发电机，还生产了灯头、保险丝、开关和由爱迪生亲自研制的电线。

当时，依靠爱迪生的专利建立垄断企业的有德意志电气公司，西门子——舒刻特公司和通用电气公司的前身爱迪生通用电气公司。这些公司即使在现在仍

然大名鼎鼎。

在爱迪生住在门罗公园时，他的发明源源不断，最高潮时达到两天推出一项发明。爱迪生的脑子就像开了闸一样，常常由一项发明又连带出又一项发明。这些发明是如此的不可思议，许多人认为，对于爱迪生来说，已经没有什么事不能做到了，甚至于再造生命。

当时，一名比较著名的作家把爱迪生作为他最有名的小说《未来的夏娃》里的主人公。他在书中写道：

爱迪生……在星形灯射出的光线的焦点前面，伸展着一条绕在两根钢轴上的胶带，胶带上镶嵌着许多透明着色的小玻璃片，带子的一端有一个转动的齿轮牵引着。突然，面前一幅挂在镶有金玫瑰花的乌木框中的白布幕上，映出了一个极为美貌的棕发少妇，……她的舞蹈宛如真人一般。随后，爱迪生用手在金玫瑰花

16岁的玛丽·史迪威，她后来成为爱迪生的第一位夫人。

发明家之冠 **爱迪生**

←爱迪生夫妇晚年合照

中间迅速地按了一下……少妇边舞边唱起了西班牙民歌。

这段描写，早于爱迪生发明电影4年，被人认为是令人惊异的预见。由此可见，在当时民众的心目中，爱迪生是怎样一个神奇人物。

爱迪生在门罗公园呆了10年，期间，爱迪生·梅莉留下3个孩子去世了，他又娶了米娜夫人。

↑爱迪生与他的第二位妻子梅利在纪念碑前

科学家卷 069

发明留声机

灵感，是由于顽强的劳动而获得的奖赏。

——列　宾

1877年的一天，爱迪生在实验室里琢磨着改良贝尔发明的电话机。

贝尔发明的电话机其实也是受一个法国人制成的"自动录音器"的启示，这个自动录音器由一根野猪鬃毛制成的针(相当于人内耳听骨)、一块膜片(相当于耳膜)、一个听筒(相当于外耳)和一个涂着黑煤胶的筒状记录器组成。爱迪生在研究时，脑海中闪过一个灵感：如果电话机和他制造的自动电报机结合起来……

尽管这时天刚蒙蒙亮，爱迪生连声高叫：

"克罗西！快来！把这个东西加工一下！"

前面说过，克罗西是爱迪生手下的得力助手，瑞士的钟表匠，他的看家本领就是，无论爱迪生画的草图如何潦草，他总能正确地制作出样品来。这时，他

发明家之冠　**爱迪生**

各式各样的留声机

连忙跑到爱迪生跟前，等爱迪生三下两下画完草图，拿起一看，原来是一张将把手刻上沟的圆筒、自由活动的针和电话的膜板组合在一起的机械图。

克罗西弄不懂这图上画的是什么东西，他问到："这是什么东西呀？"

爱迪生笑道："是个会说话的机器呀？"

怎么会呢，克罗西摇摇头，可他还是马上到机械工厂忙活起来。因为是试制，巧手的克罗西花了将近30个小时，终于制造出了一个小怪物，把它捧到了爱迪生面前。

爱迪生把大家召集到一起，宣布："下面，我要让它说话。"

克罗西说："这东西要是能说话，我输给你一大筐苹果。"

"你这话算数？"

"当然。"克罗西和其他人还是不相信。

只见爱迪生取下铁筒，小心翼翼地裹上一层锡纸，

科学家卷　071

开始转动把手，可是锡纸一下子碎了。他又拿起一张锡纸卷上，然后再次转动把手。随着铁筒转动，爱迪生唱起了小时候妈妈教他唱的一首儿歌：

"玛丽的小山羊啊，多可爱！
那绵绒绒的毛啊，像白雪！
不管玛丽走到哪里，
那可爱的小山羊，总是跟在后边……"

大家全神贯注地看着爱迪生。每当有一个新发明出现，他们总是这样。

这时，爱迪生把铁筒退回原位，又顶上针，再慢

← 爱迪生发明的留声机

慢摇起把手。真是怪事,小怪物发出了爱迪生的声音:

"玛丽的小山羊啊,多可爱!

那绵绒绒的毛啊,像白雪!

不管玛丽走到哪里,

那可爱的小山羊,总是跟在后边……"

在场的工人、技师都大吃一惊,就连爱迪生也不敢相信:仅进行了一次实验,新机器就成功了。

他又换上了一张锡纸,笑着看着目瞪口呆的人们。

一会儿,人们才缓过神来。克罗西掏出一把钱来,对一个工人说:"快,快去买一大筐苹果来。"

那位工人抬腿刚要走,爱迪生一把拉住他,示意大家安静,又把铁筒复位,再摇起把手。只听小怪物突然说道:

"快,快去买一大筐苹果来。"

这不是克罗西

→ 爱迪生发明的留声机

的声音吗？克罗西和大家一起大笑起来，大家欢呼、雀跃，围着爱迪生跳起舞来。人类第一次听到自己真正的声音，怎能不高兴呢？人类第一次可以复制声音，而且是用如此简便的手段，怎能不高兴呢？大家一遍遍地唱道："玛丽的小山羊啊……"

还是爱迪生第一个清醒下来，他说："一次就成功的东西，还有许多缺点，让我们赶快改善它，然后去申请专利。"

这时，克罗西挤上前去，摸着自己亲手加工的机器问道："爱迪生先生，你给我们讲讲，它是怎样工作的呢？"

爱迪生环视了一下四周，说："刚才，我在研究电话时是用触觉来感受听筒膜板的振动的。我想，声音能使膜板上的针颤动,那么,针动是否也能发出声音呢?我就试用了自动电报机的工作原理,没想到,一试就成功了。"

爱迪生的这种思想方法,实际上是一种很有用的逆向相似思维方式,就像法拉第当年根据奥斯特发现电变磁,逆向推出了可以把磁变成电一样。科学界这样的事例很多。

爱迪生示意大家安静,又接着说:"这一实验的成功,有克罗西的功劳,我要让所有人都知道这一点。"

说完,爱迪生拿过实验记录本,写下了这样一行字:"克罗西今天完成了留声机的制作。1877年12月6日。"

→ 工作中的爱迪生

爱迪生的这一举动是令人非常敬佩的。作为发明大师，爱迪生名震四方，可他从不忘记助手的功劳，因此助手们十分敬重他，心甘情愿地追随他，还亲热地叫他"老头子"，也是众人拾柴火焰高，爱迪生头脑中每生出一个想法，总是能很快地实现。

← 圆筒式留声机

18天后，爱迪生提着这台留声机，走进《科学美国人》杂志编辑部。对于爱迪生这个名人，大家可不敢怠慢。只见爱迪生把一台机器放在桌上，用手摇动把手，那个机器发出了人声："编辑先生，你们好。你们终日伏案工作十分辛苦，爱迪生先生托我向你们问安致意！"

编辑们个个惊得闭不上嘴。这件事立即成了特大新闻，传送给全世界的人们。

专利登记之后，爱迪生被请到总统府、科学院等等地方去表演，他让机器唱歌、背诗。尽管当时有些科学家怀疑：机器发出的声音，不过是操纵机器的人发出的腹语，但公众对留声机产生了巨大的兴趣。留

发明家之冠　**爱迪生**

声机这一发明也很快地成了商业经营的对象。

爱迪生指出，留声机可以用来记录书信、教课、朗诵、音乐、家庭录音、为音乐盒制曲、制造时钟、玩具、信号警报器、演说录音。留声机也真的发挥了这些作用。在美国，贝尔的内弟和罗斯福总统的叔父创立了一个留声机公司，把这些机械租给各式各样的商人使用；有人组织了留声机音乐会。这使爱迪生的收入十分可观。因为，按照规定，收入的20%归爱迪生所有，而他从费城举行的一个星期的音乐会中，就能得到1800美元的收入。

爱迪生曾对采访他的《纽约每日写真报》的记者说："我还要改进这个机器，话筒里装个人嘴大小的音

→ 爱迪生的留声机

箱，也许还有舌头、牙齿，声音就更好听。我虽然制出了许多机器，但只有这个是我的孩子，我盼着他快些长大，以便在我年迈之时，能尽些赡养之责。"

这话听起来像是一句玩笑话，但实际上，爱迪生在此后的40年里，的确是在不断地完善着他的留声机。

1887年，爱迪生开始从事留声机的改进工作。最初，就想解决以一种可塑性的材料来代替圆筒上的锡纸。因为录了音的锡纸从圆筒上拿下来时，常会被撕破，使用起来极不方便。爱迪生在改良的留声机上运用了电力，制成了有电马达和两个听筒的留声机，接着又制造了有钟表式发动装置的留声机。改良后的留声机的听筒，是顶端带有两个耳机的橡皮管，能专为一位听者放一个曲子，从而在商业上获得了更大的利润。

给世界光明

> 天才就是百分之一的灵感,加百分之九十九的血汗。
> ——爱迪生

从前面讲过的故事可以看出,爱迪生是一个比其他科学家、发明家聪明的人。聪明之处就在于,他懂得一手抓钱,一手抓人,有了大量的资金做后盾,有了各方面专门人才为他鞍前马后地服务,他的思想就能迅速地变为现实。爱迪生还懂得要以办企业的方法来搞研究,使研究成果迅速转化为生产力。

在这方面是有前车之鉴的。远的不提,就说与爱迪生同时研究留声机的法国人查尔·葛罗斯吧,他比爱迪生早6个月向法兰西科学院递交了制造圆盘式留声机的计划书,计划中建议,把黑煤胶上面记录下来的曲线印在钢片上。但是,由于葛罗斯是一位诗人,没有任何财力上的支持,他的计划流产了。

因此,爱迪生在搞发明时,总是从实用价值、商业价值出发,在专利问题上寸土必争。他的做法在当

← 图左为弧形灯

时也许遭到一些人的非议，但事实证明，正是建筑在雄厚的资金基础上的勤奋，保证了他的发明创造。

电灯的发明就是一个活生生的例子，电灯的发明也是爱迪生事业的巅峰之一。

留声机发明之后，爱迪生的眼光投向了当时的人想都不敢想的用电照明上。因为当时，一般照明使用的是煤气灯，煤气公司占据着可怕的霸主地位。而且，尽管1812年时，英国人戴维设计了电弧灯，但这种灯实在太刺眼。于是，爱迪生决定，把电能用于照明。

在具体发明之前，爱迪生研究了煤气工程学会所有的与外界交易的文件，阅读了几年来的煤气杂志，

发明家之冠　**爱迪生**

→1880年，爱迪生开设的第一个商业灯工厂。

摸清了与煤气灯有关的各种问题，有人这么形容爱迪生："他在成为电灯专家以前，就已经是一个煤气灯专家了。"

接着，爱迪生开始着手设计电灯。他彻夜不眠，设计、论证、实验电灯的形状、结构、材料。用爱迪生自己的话说："我在电灯方面建立了3000种不同的理论，每种理论看起来都有可能变为现实，可是，我在试验中只证实了其中的两种行得通。"这么说，并不言过其实。

爱迪生总结了戴维电弧灯失败的原因——在两根碳棒上通上电流，并会很快烧尽，而且灯光太亮——根据电的原理，首先发明了"抽出空气的灯泡"。

据说，在这项发明中有一件趣闻。爱迪生要求手下的数学家厄普顿测出灯泡的容积，可是左等右等，总是不见厄普顿前来交差。他找了好一会儿，才在图书馆的书堆里找到熬了一夜的厄普顿。在厄普顿面前，满是公式和数字的纸张铺满桌面。原来，他正为球、椭球的容积伤脑筋。爱迪生想了一下，拿来一只空灯泡，让人端来一盆水。只见他把灯泡灌满水，再把灯泡里的水倒进量杯。他指着量杯上的刻度，说："这不就是炮灯的容积吗？"厄普顿那被各种测量手段、计算公式弄得一团糟的脑筋，一下子清醒了。对呀！直接看到问题的本质，因而直捣目的地，这正是爱迪生令

← 1889年巴黎世博会上爱迪生电灯展台

发明家之冠 **爱迪生**

→爱迪生的电灯公司

常人望尘莫及的地方。

灯泡有了，用什么材料来做灯丝呢？这种灯丝可不能像碳棒一样一下子烧光。爱迪生着迷似的寻找能达到这一要求的灯丝。在门罗公园实验室里，巴切勒一帮人已经试过了爱迪生所想到的各种材料，什么木纤维啦，什么鱼线纸条啦，什么头发、胡子啦。最后，爱迪生弄清楚了，白金丝做灯丝最亮，最符合要求。可是，白金丝太昂贵了，还是不能普及。又经过一段时间的试验，灯丝的范围缩小到棉线上。

1879年10月里的一天，爱迪生把得力助手们召集到实验室二楼，宣布再一次进行电灯试验。

爱迪生身穿着一件造型奇特的工作服，它为了防止酸碱液的飞溅，而把领口做得很高，把下摆做得很长。他弯身盯着坩锅，那里面正在炭化一根棉线。炭化完成后，一个工人小心翼翼地端送到吹制灯泡的车间，眼看就要放进灯泡里了，有人松了口气"嗳……"，灯丝断了；他们只好从头开始，第二根刚送到半路，工人的手一抖，炭化棉线灯丝又断了。就这样，不知经过多少次，爱迪生总是很耐心地等着，别人只好偷偷打一个呵欠。终于，一根灯丝被平安地放入灯泡，并抽出了空气。

爱迪生让助手们去睡，吃饱睡足，等待夜晚来临。

天黑了，大家怀着激动的心情，聚拢到灯泡前。大家祈祷：以前的灯丝只能用两三个小时，但愿这回能成功。

爱迪生亲手接通了电源。顿时，实验室里洒满了

←爱迪生的门洛帕克实验室

发明家之冠　**爱迪生**

→ 爱迪生发明的碳丝灯泡

明亮、柔和的灯光。这灯光和用白金作灯丝的电灯灯光几乎没有差别，这一点让在场的人兴奋起来。

但是大家谁也不敢出声，好像一张嘴，那灯丝还会断似的。1小时、2小时……5小时过去了，电灯的光辉依然如故。大家渐渐松了一口气，在柔和的电灯光下开始畅谈。

有人描绘过当时那令人激动的场面：

巴切勒首先打破沉寂，请爱迪生先生讲一点发明的事。爱迪生高兴地答应了。他说：

"电灯试成之后，我们还要试很多东西。比如，农夫种的黄瓜，每天都在吸收阳光，咱们想办法做一个逆转机器，黄瓜摘下来放进去，就可以释放出太阳能了。"

大家大笑起来。爱迪生接着说：

"我们还可以把电用于军事。在城堡里放一台两万伏的交流发电机，一条线接地，另一

科学家卷　085

条线与高压水流接通。当敌人冲上来时，我们只要派几个人打开水龙头就行了。当然，我们可以调整电压，把敌人击呆，然后把将军捉回来，索取赔款。"

爱迪生的脑子就是这样一刻也不停止思考，许多发明就是在吃饭、谈笑、旅游观光时产生的。

大家就这样谈笑着，呼吸着没有讨厌的煤油气味的清新的空气，守着灿烂的灯光，探讨着电灯制造中还需解决的问题。

不知不觉，40个小时过去了，爱迪生和

← 发明电灯时的爱迪生

发明家之冠　**爱迪生**

助手们已在这盏灯下吃过了几顿饭,可谁也不肯去睡。爱迪生在日记里留下了对这一刻的美好回忆:

我们坐在那里,留神看着这盏灯继续点燃着。它点燃的时间越来越长,我们笑得神驰魂迷。我们中间没一个人去睡——一共40个小时的功夫,我们中间的每一个人都没有睡觉。我们坐着,洋洋自得地注视着那盏灯。它连续亮了45个小时的功夫。

灯熄灭了,人们心中的希望却越燃越亮。电能照明的时代,经爱迪生之手来到了,人类即将开始新的光明时代。爱迪生激动地在实验记录簿上写下一行大字:"1879年10月21日,灯泡寿命45小时。下一个目标——1000小时。"

此后,爱迪生继续寻找新的灯丝材料,仅查阅的实验记录簿就达200本。灯泡的寿命在不断增加,用纸板做的灯丝寿命达到了170个小时。

尽管爱迪生的发明有着深远的意义和巨大的作用,但拼命想保住自己垄断地位的煤气公司,那些与爱迪生竞争的公司和个别头脑僵化、目光短浅的科学家,对爱迪生的工作投来讥笑、指责。对此,爱迪生说:

图为通用电气公司合并初期，车间内测试新生产灯泡的情景。

"这才是一群不懂得怎样竞争的傻瓜，让他们夸夸其谈吧，我们正好埋头苦干。时间从他们的嘴里流走，却流到我们的桌上。"

爱迪生是用实际行动回敬那些人的。他把门罗公园实验所和工厂的里里外外都挂上了电灯，夜晚来临后，百灯齐放，一片灯的海洋不仅照亮了门罗公园，还把周围点着煤气灯的街巷映衬得那样的暗淡。

纽约人得知这一消息后，纷纷赶来观看这一人间奇景，一下子竟来了3000人。爱迪生还请来许多新闻记者，请他们来参观门罗公园，参观自己电灯照明下的排字房。于是许多报社都请爱迪生安装电灯，夜班

发明家之冠　**爱迪生**

← 爱迪生改良灯泡制作技术

效率大大增加了。铁路大王亨利·维拉德和报业大王戈登·贝奈特，为了照亮自己的游艇，也成为爱迪生的顾客。

流言蜚语很快便消失了，爱迪生一鼓作气开了个"爱迪生电灯公司"。当纽约市开始点上400个电灯时，人们为了庆祝光明时代的到来，走上街头狂欢游行。

尽管爱迪生取得如此大的成绩，但他始终没有忘记自己定下的电灯寿命1000小时的目标。他接着一种材料、一种材料地试验。据说，经过600次的材料实验后，爱迪生确定，竹子的纤维是最好的灯丝材料。

为了寻找到最合适的竹子纤维，爱迪生出资10万美元，派出了30多人的远征队，在亚洲跑了18个月，终于确定，日本竹子制成的灯丝最好，它可以连续点

900个小时，接近爱迪生的目标了。直到发现更合适的钨丝之前，大约使用了10年日本竹子。

  电灯的发明，是爱迪生发明史上的一座丰碑。32岁的爱迪生在发明电灯的过程中，最充分地体现了他的聪明的资质，内在的干劲，勤奋的工作态度，坚韧不拔的精神。这些东西与其说是天赋的，不如说是从小磨炼培养的。因此，爱迪生的天才是劳动换来的，他这个"门罗公园的巫师"不过是用勤奋实现了一个个灵感而已。

←门罗公园的实验室

发明家之冠　**爱迪生**

艰辛的电影发明

> 顽强的毅力可以征服世界上任何一座高峰。
>
> ——狄更斯

爱迪生在门罗公园研究所工作的10年中，主要致力于电力方面的研究。众多的发明，使爱迪生拥有大量的资金。1887年为了未来的宏伟理想，他关闭了门罗公园研究所，与第二个妻子米娜定居在门罗公园几公里外的西桔镇，在那里重新建造了一个大型实验工厂。

→ 世上首座工业研发实验室

爱迪生在新泽西州艾塞克斯郡西橘市的豪宅——格兰蒙特公寓

爱迪生说:"我的野心就是要在西桔镇的山谷里建立起一个大型的工业企业。"这个企业将要制造什么呢?他首先致力于制造那种真正实用的、能被广大公众接受的留声机,他取得了成功。接着,他那活跃的大脑想到了一种可能。他说:"我想到有可能制造这样一个器械,它可以为眼睛作出像留声机为耳朵所做的事情,而且可以把这两个器械结合起来,同时再现声音和动作。"

爱迪生是个想到就马上要干到的人,他立即指示助手狄克逊制造一个供试验用的机械。这个机械和当年克罗西做的第一台留声机一样,有一个金属圆筒,一只把手,只不过一个摄影镜头代替了唱针、听筒、膜片,圆筒上包裹的是赛璐珞胶片,他把草图递给狄克逊说:"把这个东西造出来吧。"

狄克逊问:"我们管它叫什么呢?"

爱迪生想了一下,说:"为耳朵服务的叫留声机,为眼睛服务的,就叫留影机吧。"

狄克逊拿着草图回到"第五号实验室"——这是爱迪生为试验活动照片而特别设置的实验室——很快就把留影机做了出来。

写到这里,狄克逊成为一个十分需要介绍的人物。此时28岁的狄克逊是一个英国人,由于得到爱迪生的

爱迪生家的门厅

赏识，成为"第五号实验室"的负责人，他是一名优秀的技师，在爱迪生发明影片的过程中发挥了重要作用。

爱迪生用狄克逊制造的留影机做了一次实验。这次实验失败了。因为我们这些当代人都知道，电影是由一幅幅清晰的画面运动产出的，而爱迪生当时只是一位电学专家，他不懂得必要的光学原理。

爱迪生一头扎进西桔镇研究所的图书馆里，这里有3万册藏书，其中包括全世界的科学刊物。在研究过1851年以来所有的有关活动照片的资料后，爱迪生兴奋地叫道："行了！行了！"

这一次，爱迪生吩咐狄克逊说："看来，每次摄影之间应当停顿一下，这样照片才能清晰，你把摄影镜

发明家之冠　**爱迪生**

头改造一下。"

接着,他对站在一旁的职员奥特说:"快回家去,把你那身漂亮的白礼服穿来,你可是实验的重要人物哦。"

当奥特身着白礼服等在一块黑布前时,狄克逊兴冲冲地捧来了改造后的留影机。

"奥特,做几个动作。"爱迪生说。

年轻活跃的奥特立即做了一个"请"的姿势,那故意做出来的笨拙样子,惹得大家忘记了实验的严肃气氛,哈哈大笑起来。奥特接着摘下礼帽,冲大家鞠了一躬,又叉起腰指指点点。

摄影结束后,爱迪生用一个高度放大镜替下了摄

→爱迪生家客厅

←爱迪生家客房

影镜头,他一边摇动把手,一边通过放大镜看旋转的圆筒,忍不住再次哈哈大笑起来。爱迪生的助手们见状争着看放大镜,哦,奥特在圆筒上鞠躬呢。

在大家哄笑声中,爱迪生渐渐皱起了眉头。原来,这些照片是用1‰秒的速度摄制的,当然要用特快的感光乳剂,可溴化银乳剂感光越快,它的银粒越大,因此在放大镜中看到的奥特是一个很模糊的人影。不实用是不行的。

怎么办呢?爱迪生苦苦思索。当他又一次走进图书馆时,目光立即被一管钢笔吸引住了。这管钢笔上嵌着一幅很小的照片,照片上照的是巴黎圣母院。这幅小照片通过"斯坦霍甫"显微镜观看,景色优美,没有讨厌的微粒。

爱迪生立即派出一支考察队去钢笔的生产国考察钢笔杆的秘密。1888年底，考察队回来了，原来这种照片是用一架有50个极小镜头的照相机拍摄的，必须使用湿性柯罗锭乳剂。

由于湿性柯罗锭乳剂在留影机里不能使用，爱迪生就彻底放弃了留影机式机械，又设计出有一个配有格子盘式快门的镜箱，镜箱里有绕在轴筒上用齿轮牵引的软片。

可以说，这个机械有着留影机的一切优点，而且比它先进之处，是使用了随意长短的软片。

在1889年初，爱迪生使用的软片是卡尔毕特的赛璐珞片，质地厚而硬，爱迪生只好用剪刀在赛璐珞片

←爱迪生家的车库，五辆当时最新型号的车子。

的边缘剪出锯齿，以便服从齿轮的转动。很快，爱迪生得到了伊斯特曼的长而软的赛璐珞片，但这种胶片不能剪成锯齿状，因为它在剪裁时容易破碎。

这些问题对于有着丰富经验的42岁的爱迪生来说，是很容易解决的。爱迪生再次对狄克逊指示道："自动电报机的纸带是胶片的最佳效仿模式。"

在狄克逊的精心制作下，电影胶片产生了。它每张照片大约3厘米长，2厘米宽，两边各有4个洞孔。使用这种胶片，保证了摄影、放映的稳定性，而且从底片洗印为正片更方便了。它是如此完善，以致直到现在，影片的规格与那时相比没有什么区别。

自1889年夏天，爱迪生发明了影片后，电影在他的第五号实验室里放映成功了。那是1889年10月6号

发明家之冠　爱迪生

→ 美国发行的爱迪生纪念银币

那一天，爱迪生带着从在法国举办的1889年世界博览会上引发的激动心情，快步走进第五号实验室时，他看见了一块和黑板一样大小的布幕，而助手们像孩子一样，冲他又得意又诡秘地笑着。

爱迪生问道："又有什么新花样了？"

话音未落，只见幕布上映出了穿着大礼服的狄克逊。他取下头上的大礼帽向爱迪生致敬，并带着鼻音说出几句话来："爱迪生先生，您好，我很高兴看到您回来。我希望您会对这个'电影留声机'表示满意。"

看着这段有50英尺长的影片，爱迪生的眼眶潮湿了，他的又一个目标实现了。

在经过几次完善性的试验后，爱迪生接见了一位新闻记者，让他观看了第五号实验室的影片。记者是这样描述的：

这个新机器已经进步到这样的地步，以致爱迪生能够拍下整幕戏、一部歌剧或话剧的一场,把戏中的布景、演员、音乐一一拍录下来,并且可以随意再现这一切……只要换上印制好的留声蜡管和照片卷,并用一个放映镜头代替照相镜头……这个复本可以随意运到任何地方,也可以随人所欲经过一段无论多长时期以后,将动作重复放映出来。

像爱迪生发明的许多机器——自动电报机、多联

← 1908年2月11日,爱迪生获得发明电影放映机专利权。

发明家之冠 **爱迪生**

发报机、证券报价机、电话机、发电机、留声机……一样，电影摄影机可以反过来使用，但效果不好，爱迪生和他的助手经过7年的研究，才制造出合适的镜头。

电影摄影机的专利是于1891年7月31日申请的，在此后的7年中，由于镜头改善工作没有完全成功，爱迪生分出一部分精力制造了供大众观看的"电影视镜"。

1894年9月的一天夜晚，在巴黎鱼市大街上，一家商店被电灯照得通亮，店内摆着几只一米半高的密闭柜子，每个柜子前都有一位先生或女士郑重其事地观看里面的东西。一位名叫巴维尔的记者付出25个生丁后，也通过"电影视镜"看到了柜子里的奇妙景观：一场戏剧正在演出！这位记者惊奇之余，不吝笔墨对"电影视镜"大加赞扬。其实，"电影视镜"的主题之丰富，应当更令他惊叹，伶俐的猫、舞女、拳击手、理发师……，爱迪生共有50部应用于"电影视镜"的影片，这些影片都是在绰号"黑囚车"的世界上第一个摄影场中摄制的。

这种新奇的玩意儿在商业上获得巨大成功，仅从1894年4月到1895年4月这一年时间里，爱迪生就在美国收入近5万元。这时的爱迪生着实成为一个不依靠银行的大实业家。

发明家之冠 **爱迪生**

奋斗不懈的后半生

> 天才不能使人不必工作,不能代替劳动。要发展天才,必须长时间地学习和高度紧张地工作。人越有天才,他面临的任务也越复杂、越重要。
>
> ——斯米尔诺夫

在19世纪初,美国东部的宾夕法尼亚州发现了铁矿,许多大型的冶金工厂在那里建立并发展起来。但是几十年过去,到了1880年时,宾夕法尼亚州含铁量高的矿砂眼看就要枯竭了,而另外那些含铁量低的矿藏尽管很丰富,却没有开采价值。与此同时,西部密西根湖附近的矿藏由于僻处远地,几乎没有办法运出。

爱迪生了解这一情况后,于1880年初提出了一个人工提高铁矿砂的含铁量的办法,并申请了专利。这个专利的原理很简单:就是先把铁矿石捣成粉末,然后再用吸铁石把含铁量丰富的微粒分拣出来。使用这一专利方法,可以生产出含氧化铁达90%的铁碇。但是,也许是钢铁巨头们对这种先进方法太感陌生,这

一专利沉睡了10年。

到了1890年,爱迪生到西桔镇后,开始使用这个10年前的专利。他对家人、朋友、助手们说:"我肯定会成功,现在是利用低含量铁矿藏的时候了。"

←爱迪生坐在自己矿场的门口

爱迪生在南卡罗林州买了一个低质铁矿,据说,这个矿藏量丰富到可以供美国工业70年之用。他在铁矿附近建造了一座炼铁厂,把所有的资金都投放到这一新型的重工业工厂上了,他还对炼铁高炉做了一些很成功的改进。当时,这个炼铁厂很繁荣,甚至形成了一个小市镇。后来,这个市镇逐渐扩展成为一个大工业城市,被命名为"爱迪生尼亚"。

可是到了1897年,美国东部又发现了大量含铁量丰富的矿,爱迪生的工厂只好停产了;加之此时,爱迪生发明了用水泥修建房屋,这家炼铁厂就改为水泥厂了。

这件事使爱迪生损失了巨额资金,他甚至几乎破产。但是爱迪生并未后悔，也没有停下发明的脚步。他说："我的人生哲学是工作，我要揭示大自然的奥秘，并以此为人类造福。我们在世的短暂一生中，我不知道还有什么比这种服务更好的了。"

在经营铁矿的时候，爱迪生发明了造福于人类的"X光透视机"，后来发明了对民用和工业都很方便的"爱迪生电池"，也就是碱性电池，还最终实现他在电影发明上的目标——把留声机与电影机结合在一起——发明了有声电影。68岁时，爱迪生被美国海军聘为海军顾问去发明武器。他发明了橡皮，把无数个无名或是有名的艺术家、建筑师从干巴巴的面包里解放了出来。这位发明家是如此睿智，甚至到他82岁高龄时，还从北美洲产的一种多年生菊科植物"秋麒麟草"中，成功地提取出了橡胶。

→ 爱迪生塔

爱迪生紧紧追随时间的脚步，天天接连不断地进行试验、搞发明。他这样工作的目标并不是钱。美国《纽约时报》在20世纪20年代初期，曾替爱迪生算过一笔账："爱迪生用他的创造发明，给美国赚了150亿美元以上的财产，可是，与此相比，爱迪生本人却只得到了微乎其微的钱。"

《纽约时报》算得不错，更有人在爱迪生过世后算到，爱迪生一生仅在专利局登记的发明就有1328种，其中包括前面没有提到的电动机车、无

托马斯·爱迪生致力于寻找电动车的能源替代方式，直到现在这仍是一个难题。在这张照片上，他和他自创的镍铁蓄电电池站在一起。该电池主要提供给摩托车使用。

线电报、平盘式留声机、成为电子管基础的"爱迪生效果"，而实际上，他的发明早已超过2000种。

现在，在我们的身边，爱迪生的发明仍发挥着巨大的作用，可以说，我们至今仍在享受着爱迪生的劳动成果。

在1929年时，一个叫福特的美国人对此更是深有感触，他在创办一座规模巨大的博物馆时，把爱迪生

发明家之冠　**爱迪生**

←爱迪生和儿子驾驶着自己设计的自动车

发明高峰期待过的门罗公园实验室复制在里面。他还在1929年10月21日这一天，搞了一个大型的白炽灯诞生50周年纪念庆祝会，以美国总统为首的500多名社会名流、工商巨头参加了这个庆祝会。

　　82岁的爱迪生应邀出席了这个庆祝会。在巨大的博物馆里，爱迪生惊讶地发现，他又回到了自己青年时期曾在其中度过整整10年光景的门罗公园。二层楼的实验室，实验室里按老样子摆放的桌椅架柜和实验机械。老人在当年坐惯了的椅子上坐下，浮想联翩，双眼噙满泪水。一会儿，爱迪生打破了沉默，他说："这实验室复制得还有一点不像。"福特问："还有哪里不像？""这地板从来没有今天这样干净。"大家笑了。

　　晚上，当实验室里都点起昏暗的煤气灯时，庆祝会开始了。突然煤气灯熄灭了，紧接着数百只电灯齐放光明，大家情不自禁地热烈鼓掌。掌声经久不息，欢呼声此起彼伏，全美国数百万人民围在收音机旁，

收听到了这令人激动的实况,全国各地的电灯也同时点亮,整个美国甚至全世界都以各样想得到的方式,向爱迪生表达感激、敬佩之情。

美国总统把爱迪生搀扶到话筒前,爱迪生说:"给我这么大的荣誉,我总觉得十分惭愧。不过,如果我所做的贡献能给这个社会带来哪怕一点点幸福,我也就因此而满足了。"

人们纷纷向爱迪生致意,祝他长寿。他高兴地一一致谢,不料,突然间,爱迪生身体一晃,滑倒在椅子上。米娜夫人吃惊地喊道:"各位,请帮忙。"爱迪生立即被抬到旁边的房间里,经医生抢救,他终于苏醒过来。他一睁眼,就对周围人说:"不要紧,现在上

1929年2月11日爱迪生庆祝82岁生日时与胡弗总统、福特、费尔斯通合影。

发明家之冠 爱迪生

帝不要我,我还有许多工作要做呢?"

此后,当爱迪生的身体稍微好些后,他立即又忙碌在实验室和图书馆里。但毕竟他已是个80多岁的老人,渐渐地,他疾病缠身了。

1931年10月18日,爱迪生到了生命的最后一刻。84岁的爱迪生对身边的米娜夫人说:"我要到另一个世界去了,那里多么美呀。"说完,他闭上了双眼。那时是凌晨3点34分。

发明家爱迪生去世的消息,通过他发明的无线电报,传到世界的各个角落。人们都痛惜不已,美国纽约用熄灭灯光一分钟的方式,哀悼了这位发明伟人。

→爱迪生和妻子的坟墓

相关链接

爱迪生与交流电

1882年,著名发明家托马斯·爱迪生的"爱迪生电器公司"正式开始在美国各大城市推广直流电电网,试图把直流电作为行业标准。但是,爱迪生遇到了一个强有力的挑战者,他就是被后人誉为电磁学领域"鬼才"的尼古拉·特斯拉。特斯拉初到美国时被推荐到爱迪生的电器公司,在那里他做出了好几项重大发明,于1886年研发出了交流电。

交流电最大的好处就是可以方便地变换电压,电压越高,传送电力时的电流就越低,热量消耗也就越低。特斯拉发明的"三相交流电输电线路"在传输电力的效率上比直流电要好很多,最终这项技术被威斯汀豪斯电气公司买下,成为爱迪生直流电网最大的竞争对手。

当爱迪生听说纽约州政府正在考虑用电椅代替绞刑的时候,本来不支持死刑的他突然改变了主意,大力推荐使用交流电。如果交流电成了电椅的"行业标准",谁还愿意用它来做饭烧水呢?

发明家之冠　**爱迪生**

为了达到自己的目的，爱迪生雇用中学生抓捕了很多流浪猫狗，然后用交流电当众把它们电死，这些血淋淋的情景被报道出来后，确实引起了很多市民的恐慌，天平渐渐向爱迪生这边倾斜了。

1889年，纽约州政府终于决定使用交流电，并责成一位名叫哈罗德·布朗的电器工程师制作史上第一把电椅。这个布朗其实是爱迪生的雇员，他是被爱迪生秘密雇来研究电击的。但是，威斯汀豪斯公司拒绝把自己的交流电发电机卖给纽约州政府，爱迪生便指使布朗伪造了一份合同，把三台发电机先运到南美某个不存在的大学，再转运回纽约。

同年，有个名叫威廉·凯姆勒的倒霉蛋被判处死刑。眼看纽约州政府打算用他来"试椅"，威斯汀豪斯公司决定出钱雇用律师为他辩护。但爱迪生知道此事后，也出钱雇用律师进行反辩护。最终凯姆勒被判处死刑。但这次死刑被实施了两次。

第一次行刑的挫折并没有阻碍电椅成为美国使用最广泛的死刑执行方法，但后来这个方法还是因为不够人道，逐渐被注射法代替。

实验表明，电通过人体时会产生热量，把人体组织烧坏，直流电和交流电在这个方面的威力是相

科学家卷　111

同的。但是，交流电还有另一个杀人的招数——引发心室颤动，中断血液循环，致人死亡。心脏是人体中唯一一个需要进行不间断有节律收缩的器官，心肌收缩的频率是由一群特殊的"节律细胞"发出的电信号来控制的。

如果使用交流电，只需要60毫安的电流通过胸腔就能干扰电信号，引发心室颤动，而使用直流电的话，则需要300毫安到500毫安才行。

当然，爱迪生并不知道这些，为了宣传交流电的危害，他甚至于1903年亲自电死过一头大象，还雇人把这一过程拍了下来，广为播放。

但是，交流电的好处并不因为爱迪生的诋毁而被忽视。不久之后，甚至连爱迪生自己的电器公司都决定改用交流电，并去掉了公司名称前面的"爱迪生"，最终变成了著名的"通用电气"。

交流电和直流电非常不同，要想真正理解交流电的工作原理，必须精通高等数学，这恰恰是爱迪生的弱项，于是他始终都未能真正理解交流电的好处究竟在哪里始终都未能真正理解交流电的好处究竟在哪里？

相关链接

爱迪生大事年表

1847年2月11日　托马斯·艾尔瓦·爱迪生出生于美国俄亥俄州米兰镇。

1854年　爱迪生全家迁往密歇根的休伦港。不久爱迪生得了猩红热,病情严重。

1855年　爱迪生在英格尔学校读了3个月的书。

1859年　12岁的爱迪生成为休伦港—底特律火车上的报童。

1861年　美国南北战争爆发。

1862年　希洛之战;爱迪生用电报使报道战斗消息的报纸畅销。

1863年　16岁的爱迪生成为报务员,后来的几年里四处浪游,做报务工作。

1868年　爱迪生到达波士顿,在西方联合电报公司找到一份工作。他申请第一项专利(表决器),报务员同业杂志上刊登了他的双向电报机的消息。

1869年1月　爱迪生成为自由发明人。他申请第二项专利，改进的股票行情自动收录器。

1869年4月　双向电报机试验失败。

1869年10月　爱迪生与电气工程师富兰克林·L·波普建立合伙企业。

1871年　爱迪生在新泽西州的纽瓦克开设了门市部。

1871年12月　托马斯·爱迪生与玛丽·斯迪威尔结婚。

1874年　爱迪生成功地制造了多路电报系统，四重传输系统，可以通过单一线路在两个方向同时传输两个信息。

1876年1月　爱迪生开始在新泽西州的蒙罗园建造新的实验室，并在不久之后搬了进去。

1876年3月　亚历山大·格雷厄姆·贝尔获得他新发明的电话的专利权。

1877年1月　爱迪生开始研究炭精电话送话器。

1877年11月　爱迪生使用灯黑对炭精送话器的效果做了重大改进。

1877年12月　爱迪生发明了留声机。

1878年　爱迪生开始研究电灯和输电系统。

发明家之冠 爱迪生

1879年　夏季，"低腰身的玛丽·安"发电机设计完成。

1879年10月　爱迪生发现，将炭化棉线作灯丝，装进高度真空的玻璃灯泡里，会持续发亮好多小时才被烧坏。

1880年　一辆电动火车建成，并在蒙罗园投入使用。

1881年　爱迪生离开蒙罗园，重回纽约。

1882年　爱迪生在研究电灯的同时，注意到灯泡内部有一些黑色沉积点，"爱迪生效应"的第一个证明。

1882年9月4日　纽约珍珠街上的发电站启动。

1884年　爱迪生的妻子玛丽去世。

1886年　托马斯·爱迪生与米娜·米勒结婚，并与她一起在"格兰蒙特"——新泽西奥兰治谷的一座大庄园里定居。

1887年　爱迪生开始改进留声机的研究；并在西奥兰治建造了一座新的实验室。

1888年　爱迪生救活了一家始建于70年代的铁矿石处理公司。

在此后的几年里，他购买了新泽西大片有铁矿的土地，开办了一家矿产加工厂和一座矿场。

1891年　爱迪生在美国为他的"活动物体的连续照片放映机"申请了专利。

1899年　爱迪生开始研究电动汽车的蓄电池。

1900年　爱迪生对铁矿石处理的研究最终停止。

1902年　爱迪生成功地开办了一家水泥制品厂。(他从这项生意中发展出筑路和房屋建造工程。)

1912年　爱迪生开始为福特公司的T型汽车设计电气自动起动器，T型汽车取代了市场上的电动汽车。

1914—1918年　第一次世界大战爆发，爱迪生把大量的时间花在美国海军的科学发展上。

1927年　爱迪生在佛罗里达建立了一座实验室，研究国产橡胶资源，用以取代通常的马来亚产品。

1931年8月　爱迪生心力交瘁，被诊断为患了重病。

1931年10月18日　托马斯·艾尔瓦·爱迪生去世，终年84岁。

1931年10月21日　全美国熄灯以示哀悼。